Wie baut man eigentlich ein Luftschloss?

4 tolle Projekte zum Thema Elemente

Impressum

ISBN: 978-3-96046-120-3

Wochenprojekte
Wie baut man eigentlich ein Luftschloss?
4 tolle Wochenprojekte zum Thema Elemente

Klett Kita GmbH
Rotebühlstr. 77
70178 Stuttgart
Internet: www.klett-kita.de

Redaktion	Myriam Bork
Autoren und Fotografen	Marion Bischoff, Heike König, Michaela Lambrecht, Yvonne Wagner, Corinna Weinert
Illustration	Anke Dammann, Anja Goossens, Alexandra Junge
Gestaltung und Satz	DOPPELPUNKT, Stuttgart
Druck	Paper & Tinta, Nadma

Kontakt
Telefon: 07 11 / 66 72 58 00
Telefax: 07 11 / 66 72 58 22
kundenservice@klett-kita.de

Gedruckt auf chlorfrei gebleichtem Papier.

Für jedes Material wurden Rechte nachgefragt. Sollten dennoch an einzelnen Materialien weitere Rechte bestehen, bitten wir um Benachrichtigung.

Bibliografische Information der Deutschen Nationalbibliothek. Die Deutsche Nationalbibliothek verzeichnet diese Publikation in der Deutschen Nationalbibliografie. Detaillierte bibliografische Daten sind im Internet über http://dnb.d-nb.de abrufbar.

Das Werk einschließlich aller seiner Teile ist urheberrechtlich geschützt. Jede Verwertung außerhalb der engen Grenzen des Urheberrechtsgesetzes ist ohne Zustimmung des Verlages unzulässig und strafbar. Dies gilt insbesondere für Vervielfältigungen, Übersetzungen, Mikroverfilmungen und die Einspeicherung und Verarbeitung in elektronischen Systemen.

Haftungsausschluss: In den Beiträgen verweisen wir auf Links zu externen Internet-Seiten. Trotz sorgfältiger inhaltlicher Kontrolle schließen wir die Haftung für die Inhalte dieser Seiten aus. Für den Inhalt der externen Internet-Seiten sind ausschließlich deren Betreiber verantwortlich.

© 2021 Klett Kita GmbH, Stuttgart. Alle Rechte vorbehalten.

Bildnachweis:
GettyImages.de
S. 4: yaruta, Chepko | S. 5: SbytovaMN, Mayabun | S. 7–9: Maike Hildebrand | S. 10: mustafagull | S. 11: Tuned_In | S. 12: BSVIT | S. jonathanfilskov-photography | S. 14: EAGiven, giamplume | S. 15: bonciutoma | S. 16: Peter Zander | S. 17: Zero Cretives | S. 18: LisaInGlasses | S. 19: Svetikd | S. 25: Ralf Geithe, Animaflora | S. 26: PosiNote, cunfek | S. 27: sandoclr, brytta | S. 28: mrtreasure | S. 34: takenobu | S. 36: Yagi Studio | S. 38: Thomas Barwick | S. 39: gui00878, Maren Caruso | S. 40: peepo | S. 41: deepblue4you, SbytovaMN | S. 42: Chepko | S. 44: Eskemar | S. 50: Graphicpoet | S. 62: hanohiki | S. 65: josefkubes, ryasick | S. 67: lioputra | S. 69: ilbusca | S. 70: vector | S. 76: Richard drury | S. 77: elapela | S. 78: GelatoPlus | S. 79: Nayanba Jadeja | S. 80: Sissoupitc | S. 82: A Party with no Cake | S. 84: arboreleza | S. 86: Milkins_Photodisc | S. 89: alexsl | S. 91: wundervisuals | S. 92: TarpMagnus | S. 93: Juggernaut

Fotolia.de: S. 39: Orlando Florin Rosu | S. 76: Andrea Izzotti, Christine Wulf

Freepik.de: S. 7–9: macrovector | S. 10, 73, 76: brgfx | S. 32: starline | S. 55-57: Teinstud | S. 60: pch.vector

Bildnachweis Coverillustration: Freepik.de/Terdpongvector, macrovector

Inhaltsverzeichnis

Vorwort 4

Mal krümelig, mal matschig 7
Projektorganisation 8
Tag 1: Erde sammeln und erforschen 10
Tag 2: Der Grundwasserfilter 12
Tag 3: Erdfarbe und Kneterde 14
Tag 4: Unser Mini-Garten 16
Tag 5: Erde selbstgemacht! 18
Material 20

Vom Regen ins Glas 31
Projektorganisation 32
Tag 1: Wunderbare Welt des Wassers 34
Tag 2: Wasserstation 36
Tag 3: Wie schmeckt Wasser 38
Tag 4: Von flüssig zu fest 40
Tag 5: Segelbootregatta 42
Material 44

Es knistert und lodert 55
Projektorganisation 56
Tag 1: Das Element Feuer 58
Tag 2: Feuer machen wie in der Steinzeit 59
Tag 3: Der richtige Umgang mit Feuer 60
Tag 4: Was tun, wenn es brennt? 61
Tag 5: Heute kommt die Feuerwehr? 62
Material 63

Nicht sichtbar und doch da 73
Projektorganisation 74
Tag 1: In luftigen Höhen 76
Tag 2: Wer hat den längeren Atem? 77
Tag 3: Luftballonwaage und Düsenjet 78
Tag 4: Warm und kalt 79
Tag 5: Es liegt was in der Luft 80
Material 81

Liebe Leserinnen und Leser,

Feuer, Wasser, Luft und Erde umgeben uns jeden Tag. Wer versucht, die Elemente anzufassen (zu begreifen), der erkennt sofort ihr Wesen: Erde ist fest und greifbar, Luft dagegen kaum zu sehen und nur als Wind zu spüren, das Feuer hat zwei Gesichter und Wasser rinnt mit ungeahnter Kraft durch die kleinste Ritze. Dabei sind die Elemente zunächst ein eher abstrakter Begriff: Kinder im Alter von 2 bis 6 Jahren wissen nicht auf Anhieb, was „Elemente" sind. Die Lehre von den Elementen ist jahrhunderte-, vielleicht auch jahrtausendealt, sie ist (natur-)philosophisch und teilweise religiös. Und trotzdem begegnen uns die Elemente fast in jeder Kita.

Die Elemente verfügen über eine besondere Anziehungskraft auf Kinder: **Feuer** erleben sie auf magische Weise im Kerzenschein, als Kerzen auf dem Geburtstagskuchen oder beim Lagerfeuer. **Wasser** zieht die Kinder gerade an heißen Tagen an, verlockt zum Plantschen, Spritzen und Matschen. Und schon sind wir bei der **Erde**: Die Hände im Gartenbeet oder Sandkasten zu versenken, das ist nicht für Kinder eine Erfahrung, die die Sinne anspricht, erdet und beruhigt. Und auch die **Luft** erfahren die Kinder auf vielfältige Weise, sei es beim Niesen und Husten, beim Drachensteigenlassen oder Föhnen. Die Elemente begegnen Kindern an jedem Tag.

Auch Tiere sind auf die Elemente angewiesen. Vögel brauchen die Luft und den Himmel zum Fliegen, Fische das Wasser – das wissen die Kinder sicherlich. Aber wussten sie, dass es Tiere gibt, die sich auf das Feuer spezialisiert haben? Nein, Drachen sind nicht gemeint, sondern beispielsweise der Schwarze Kiefernprachtkäfer, der auf brennendes Holz angewiesen ist und für den verkohltes Holz einfach eine Delikatesse ist. Der Australische Feuerkäfer legt seine Larven nur in frisch verbranntes Holz, denn nur hier können sie sich entwickeln. Das ist nur eines der vielen Geheimnisse um die Elemente, die die Kinder bei einem Elemente-Projekt kennenlernen können.

Noch ein paar Worte zu diesem Buch ...

Bei den Projektideen in diesem Buch machen die Kinder noch einmal ganz neue und bewusste Erfahrungen mit den Elementen. Sie sammeln und analysieren Erde, kneten und malen damit, lernen den richtigen Umgang mit Feuer und machen spannende Experimente mit Luft und ihrem Atem. Sie bauen kleine Boote, bauen Wasserleitungen, pflanzen Beete und legen einen Kompost an.

Die Projekte können Sie am Stück durchführen und somit ein großes Elemente-Projekt angehen oder Sie wählen einzelne Elemente aus. Greifen Sie Ideen heraus und stellen Sie ein individuelles Projekt zusammen – die Impulse kommen von den Kindern und ihren Interessen. Auch im Kita-Alltag können die Elemente-Ideen immer wieder aufgegriffen werden.

Das Wochenprojekte-Team wünscht Ihnen und Ihren Kindern viel Freude dabei!

Diese vier Projekte warten auf Sie:

1. Mal krümelig, mal matschig – in dieser Woche geht es um die Erde. Im Steinzeitfarben-Atelier fertigen die Kinder Farben aus Erde, sie bepflanzen einen Mini-Garten und legen einen Kompost an.

2. Vom Regen ins Glas: Wo kommt eigentlich unser Wasser her? Und wo geht es hin, wenn es in den Abfluss läuft? In diesem Projekt gehen die Kinder dem Kreislauf des Wassers auf die Spur.

3. Es knistert und lodert im dritten Projekt. Hier lernen die Kinder das Element Feuer kennen und auch die Brandschutzerziehung kommt nicht zu kurz.

4. Nicht sichtbar und doch da ist unsere Luft. Was die Luft alles kann und wie man sie erfahrbar macht, sehen die Kinder in dieser Woche voller Experimente.

Mal krümelig, mal matschig

Wir erforschen das Element Erde

Erde ist vielfältig: Erde ist nicht nur der Boden, auf dem wir stehen, sondern auch der Lebensraum vieler Tiere. Sie ist lebensnotwendig für die Pflanzen, die uns Sauerstoff und Nahrung liefern.
Sie ist Baumaterial, vor allem, wenn sie viel Lehm oder Ton enthält – das wissen auch die Tiere. Außerdem eignet sich Erde wunderbar zum Formen und Matschen, was Kindern eine besondere Freude bereitet.
Das Projekt bringt den Kindern das Element Erde näher. Sie lernen die Bestandteile von Erden kennen und probieren aus, was man mit Erde alles machen kann. Sie legen ein Beet an und bauen einen Kompost.

Projektorganisation

Auf einen Blick

Alter	3 bis 6 Jahre
Zeit	1 Woche, täglich 1 bis 2 Stunden
Gruppe	maximal 12 Kinder
Ort	Innen- und Außengelände, Wald, Wiese
Vorbereitung	Eltern informieren, Materialien besorgen
Bildungsziele	✗ Zusammenhänge in der Natur begreifen
	✗ naturwissenschaftliches Verständnis entwickeln
	✗ Natur und Umwelt respektieren lernen
	✗ Kreativität mit Naturmaterialien entfalten

Projektplanung

Planen Sie für dieses Projekt an jedem Tag der Woche etwa eine bis zwei Stunden ein.
Für den ersten Projekttag ist ein Ausflug geplant. Sie und die Kinder machen sich auf die Suche nach Erde. Wo gibt es in der Nähe Ihres Kindergartens Wiesen, Wald- oder Parkflächen? In der Stadt könnte sich die Suche schwierig gestalten. Schließlich dürfen die Kinder nicht einfach in den angelegten Blumenbeeten graben. Mit dem Elternbrief (M 1) können Sie die Eltern über Ihren Ausflug informieren. Bitten Sie bereits im Vorfeld Kolleginnen und Kollegen, Eltern und Bekannte, verschiedene Erden zu sammeln, in Gläser zu füllen, damit man sie gut sehen kann, und Ihnen mitzubringen. Dann haben Sie reichlich Vergleichsmaterial. Wenn Sie dazu die genauen Ortsangaben aufschreiben (mit einem Aufkleber auf dem Behälter) können Sie später eine Erde-Karte anlegen!
Für den fünften Projekttag ist eine Kompostzaun-Bauaktion geplant. Die Eltern können hier bestimmt mit Material oder tatkräftiger Unterstützung helfen. Die restlichen Materialien bekommen Sie problemlos im Baumarkt.

Portfolio-Tipp

Dieses Projekt bietet viele Anlässe für schöne Fotos für das Portfolio. Begleiten Sie das Projekt also mit der Kamera. Die Kinder können sich dann ihre Lieblingsbilder aussuchen und in die Portfolio-Vorlage (M 9) kleben.

Projektorganisation

Wochenplan

Tag 1
Erde sammeln und erforschen   Dauer: 2 Stunden
bei einem Ausflug verschiedene Erden sammeln und vergleichen

Tag 2
Der Grundwasserfilter   Dauer: 1 Stunde
einen Wasserfilter aus Erde bauen

Tag 3
Erdfarbe und Kneterde   Dauer: 1 bis 2 Stunden
mit Erde kreativ werden und gestalten

Tag 4
Unser Mini-Garten   Dauer: 1 bis 2 Stunden
einen kleinen Garten in der Kita anlegen

Tag 5
Erde selbstgemacht!   Dauer: 2 Stunden
einen Kompostzaun bauen

Material

M 1: Elternbrief
   Kopiervorlage ● S. 20
M 2: Was ist Erde?
   Info ● S. 21
M 3: Zu Besuch bei den Maulwürfen
   Traumreise unter der Erde ● S. 22
M 4: Wir bauen einen Wasserfilter
   Anleitung in Bildern ● S. 23
M 5: Farbe und Knete aus Erde
   Anleitung ● S. 24
M 6: Schnell wachsende Pflanzen für den Mini-Garten
   Bilder ● S. 25
M 7: Unser Kompostzaun
   Bauanleitung ● S. 28
M 8: Info für die Eltern ● S. 29
M 9: Portfolio ● S. 30

1 Projektwoche

Mal krümelig, mal matschig

Tag 1 — Erde sammeln und erforschen

Mitgeliefertes Material
- Was ist Erde? – Info (M 2)
- Zu Besuch bei den Maulwürfen – Traumreise unter der Erde (M 3)

Zusätzliches Material
- Wasserfeste Marker oder Etikettenaufkleber und Stifte
- mehrere flache Schalen
- mehrere Schraubgläser
- 1 große Plane
- 1 großer Bogen Papier (DIN A2 oder A1)

Für jedes Kind:
- 2 bis 3 kleine Eimer oder Tüten
- Schaufel
- Kleber und Stifte
- Matte und Decke/Kissen

Vorbereitung
Vor dem Ausflug werden die Kinder gut ausgestattet: Sind alle mit Eimern, Tüten und Schaufeln ausgerüstet, kann es losgehen!

Durchführung

Schritt 1: Wir sammeln Erde!

Suchen Sie mit den Jungen und Mädchen gemeinsam Erde! Sie gehen mit den Kindern zu den Flächen, die Sie im Voraus ausfindig gemacht haben. Am besten sammelt man nicht direkt am Straßenrand. Hier lagert sich der Schmutz der Autos ab. Aber auch Hundekot und Müll, den manche Menschen achtlos wegwerfen, findet man dort.

Bitten Sie die Kinder, vorsichtig etwas Gras mit der Schaufel abzustechen und umzuklappen oder hochzuheben. So können sie die Grassode fast unbeschädigt lassen. Nun dürfen die Jungen und Mädchen darunter etwas Erde wegnehmen. Anschließend klappen sie die Grassode wieder auf das Loch und drücken sie leicht an. Das Gras wächst sicher bald wieder fest an.

Auch im und am Sandkasten kann man fündig werden: Der Sand selbst ist zwar keine Erde, aber wenn man ganz tief im Sandkasten gräbt, stößt man oft auf eine feste, kühle Schicht dunkler Erde. Das ist besonders interessant, weil die Kinder dann verschiedene Schichten entdecken. Auch am Rand des Sandkastens findet man häufig Erde.

Je mehr verschiedene Erden die Kinder finden, desto besser! Beschriften Sie die Tüten mit den Erden. Notieren Sie den genauen Fundort mit einem Marker direkt auf die Tüten.

Mal krümelig, mal matschig

Projektwoche 1

Schritt 2: Erdforscher am Werk

Um die Erden zu vergleichen, legen Sie im Garten eine große Plane aus, damit die Kinder ihre Erden darauf vorsichtig ausschütten können. Die Kinder können die Erden in die Schalen schütten, dann vermischen sie sich nicht so schnell untereinander. Nun sehen die Kinder die Erden an, sie nehmen sie in die Hand und fühlen sie. Welche Erde lässt sich gut kneten? Welche zerfällt gleich wieder? Wie bröselig oder sandig ist die Erde? Und wie riechen die unterschiedlichen Erden? Die Kinder können die Erden sortieren. Welche sind eher trocken, bröselig, krümelig und sandig? Welche sind weich, klebrig, halten gut zusammen? Sie können auch nach Farben sortieren – von ganz hell bis schwarz.

Welche Prüfkriterien sind den Kindern wichtig? Legen Sie sie gemeinsam fest, damit die Kinder die Erden gut vergleichen können. Das kann auch mit einem Plakat festgehalten werden – auf jeden Fall sollte jemand die Ergebnisse notieren!

Damit Sie den Kindern etwas über die unterschiedlichen Bodenarten erklären können, sind in M 2 ein paar Informationen.

Schritt 3: Traumreise unter die Erde

Von diesem berühmten Erdbewohner haben die Kinder bestimmt schon gehört: der Maulwurf. Doch hat eines der Kinder schon einmal einen Maulwurfshügel oder gar einen Maulwurf selbst gesehen? Zum Abschluss des ersten Tages machen Sie noch gemeinsam eine Traumreise und besuchen dabei die Familie Maulwurf. Legen Sie Matten, Kissen und Decken bereit. Die Kinder machen es sich gemütlich, während Sie die Geschichte vorlesen.

GUT ZU WISSEN

Maulwürfe bekommt man nicht oft zu sehen, denn meistens halten sich die kleinen (höchstens etwa 15 cm großen) Wühler unter der Erde auf. Oft sieht man von ihnen nur die aufgeworfenen Erdhügel. Unter jedem dieser Hügel liegt ein kleiner Gang. Maulwürfe sind nicht blind, wie oft angenommen wird, aber ihre Augen sind im dichten Fell verborgen und können wahrscheinlich nur hell und dunkel unterscheiden. Die Händchen des Maulwurfs sind zu Grabwerkzeugen umgewandelt und wirken riesig im Vergleich zu dem gedrungenen Körper. Maulwürfe lieben Insekten auf ihrem Speisezettel und ernähren sich fast ausschließlich fleischlich von Regenwürmern, Larven, Käfern und manchmal auch kleinen Eidechsen. Maulwürfe haben an der Erdoberfläche viele Fressfeinde (Greifvögel, Fuchs, Iltis) und sind so manchem Gärtner ein Dorn im Auge. Sie sind laut Bundesartenschutzverordnung besonders geschützt und dürfen nicht getötet, gefangen oder vertrieben werden.

Bildungsbereiche

- ☐ Soziales Lernen und Religion
- ☐ Kreativität und Musik
- ☒ Mathematik und Naturwissenschaft
- ☒ Sprache und Kommunikation
- ☒ Körper und Bewegung

1 Projektwoche

Mal krümelig, mal matschig

Tag 2 — Der Grundwasserfilter

Mitgeliefertes Material
- Wir bauen einen Wasserfilter – Anleitung in Bildern (M 4)

Zusätzliches Material
- 4 große Plastikflaschen
- scharfe Schere oder Cutter
- 4 weiße Kaffeefilter
- je etwa 1 Tasse Erde, Lehm, Kies und Sand
- 1 Packung Watte

Vorbereitung
Schneiden Sie das untere Drittel der Plastikflaschen mit der Schere oder dem Cutter ab. Den abgeschnittenen Boden werden die Kinder als Auffangbecher benutzen.

Durchführung

Schritt 1: Wir bauen einen Filter
Ziel des Experiments ist es, schmutziges Wasser zu reinigen. Die Kinder können dafür mehrere verschiedene Arten von Verunreinigung ausprobieren. Einmal mischen sie Wasser mit Erde oder feinem Sand, also losem Material, das sich mit Wasser vermischt, aber nicht auflöst. Danach können sie auch mit anderen Materialien experimentieren (z. B. mit Farbstoffen, Lebensmitteln etc.) und in ihrem Filter ausprobieren. Für den Filteraufbau benutzen die Jungen und Mädchen den Plan (M 4).

Die Kinder stecken in die vier abgeschnittenen Flaschen jeweils einen Kaffeefilter, sodass der Boden des Filters an der Flaschenöffnung anschließt (siehe M 4, Bild 1). Sie entfernen den Flaschendeckel. Nun füllen sie in je eine Flasche direkt in den Kaffeefilter etwas Kies, Sand, Lehm und lockere Erde. Die Flaschen müssen mit der Öffnung nach unten über die Becher gehalten werden. Denn jetzt füllen die Kinder ihr Schmutzwasser ein und beobachten, was passiert. Bei welcher Filterart läuft das Wasser schneller, bei welcher langsamer durch? Wo kommt das Wasser am klarsten unten heraus?

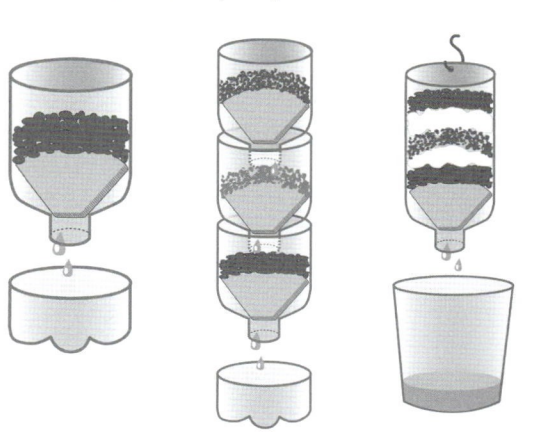

Schritt 2: Was filtert am besten?
Um genauer zu prüfen, wie viele Rückstände nun ausgefiltert sind, können die Kinder die Kaffeefilter vergleichen. Wo wenig im Kaffeefilter selbst ist, steckt der Schmutz im Filtermaterial, also z. B. in der Erde. Lassen Sie die Jungen und Mädchen auch etwas variieren und ausprobieren, welche Schichten gut filtern und welche weniger gut. Dabei können sie die Kaffeefilter weglassen, um die Erdschichten besser vergleichen zu können. Durch das spielerische Erfahren der Materialien lernen die Kinder besonders intensiv!

Mal krümelig, mal matschig

Projektwoche 1

GUT ZU WISSEN
Eine Kläranlage arbeitet gar nicht so viel anders. Ein Besuch zur nächsten Kläranlage würde sich nach diesem Projekt gut eignen. Bei einer Führung lassen Sie sich erklären, wie dort die Filter aufgebaut sind!

Tipps

1. Die Kinder können eine richtige Filteranlage bauen. Sie schichten alle Erdeschichten nacheinander in eine Flasche oder stecken die Flaschen aufeinander. Es empfiehlt sich, die Schichten mit je einer Watteschicht zu trennen, damit sie sich nicht vermischen oder verschlämmen (siehe M 4, Bild 2).
2. Wenn Sie in den oberen Rand der Flasche zwei Löcher für eine Aufhängung bohren, können Sie sie (draußen) mit dem Schraubverschluss nach unten über einem Eimer anbringen und jeweils Schmutzwasser nachgießen (siehe M 4, Bild 3). So müssen die Kinder die Flasche nicht immer festhalten und können größere Mengen Wasser filtern.

Bildungsbereiche

- ☐ Soziales Lernen und Religion
- ☐ Kreativität und Musik
- ☑ Mathematik und Naturwissenschaft
- ☐ Sprache und Kommunikation
- ☐ Körper und Bewegung

1 Projektwoche — Mal krümelig, mal matschig

Tag 3 — Erdfarbe und Kneterde

Mitgeliefertes Material
- Farbe und Knete aus Erde – Anleitung (M 5)

Zusätzliches Material
- die in M 5 genannten Materialien
- Pinsel
- verschiedene feste Maluntergründe: Holzbretter, Steine oder Karton

Vorbereitung
Um Erdfarben herzustellen, benötigen Sie verschiedene Erden. Diese sollten Sie in entsprechende Behälter umfüllen. Ideal ist es, wenn Sie dies mit den Kindern draußen machen können, denn dann muss niemand genau aufpassen, wo die Erdkrümel hinfallen.
Vielleicht haben Sie noch Erde vom ersten Tag übrig. Ansonsten gehen Sie noch einmal gemeinsam sammeln.

> **GUT ZU WISSEN**
> Bereits in der Steinzeit wurde mit Farben gemalt. Da es damals natürlich noch keine Farben zu kaufen gab, blieb den Menschen nichts anderes übrig, als sich ihre Farbtöne selbst herzustellen. Aus bunten Steinen, Erde oder Kohle mahlten sie feines Pulver. Dieses Pulver wird Pigmentpulver genannt. Die Pigmente wurden mit Wasser, Spucke oder Fett vermischt, um sie vermalen zu können. Auf diese Weise erhielten sie Töne wie Schwarz, Rot, Gelb und Braun.

Durchführung
Malen und kneten mit Erde
Heute erfahren die Kinder das Material mit allen Sinnen und gestalten dabei noch kreativ. Mithilfe der Anleitung von M 5 stellen Sie mit den Kindern Knete und Farbe aus Erden her. Ideal ist es, wenn die Kinder zunächst selbst etwas herumprobieren dürfen. Sie vermischen Wasser mit Erde und versuchen zu kneten. So erleben sie, dass die Erde sich schnell wieder vom Wasser trennt, weil sie nicht recht kleben bleibt. Wenn sie jetzt ein Bindemittel (Quark oder Kleister) hinzufügen, merken sie, dass sich die Materialien besser vermengen. Lassen Sie die Kinder verschiedene Bindemittel ausprobieren. So können sie vergleichen, wie sich die Massen anfühlen und wie sie reagieren. Die Jungen und Mädchen können Verschiedenes formen: Tiere, Figuren, Fantasiewesen.

Mit Erdfarben malen geht gut auf natürlichen Untergründen wie Steinen und Holz. Aber auch auf Mauern und Steinboden wirkt die Farbe interessant. Selbst grobe Stoffe lassen sich bemalen. Allerdings ist diese Art von Farbe auf Stoff nicht sehr haltbar.

> **Tipp**
> Vielleicht haben Sie eine Wand oder einen Plattenweg in Ihrem Kindergarten, den die Kinder mit den Erdfarben verschönern können. Außerdem können Sie die Erdmalereien zusammen mit den plastischen Figuren als Ausstellung den Eltern präsentieren.

Mal krümelig, mal matschig   **Projektwoche 1**

Tipp

Die Kinder können auch ein Erde-Memory basteln. Sie nehmen dafür leere Karten (10 x 10 cm) und kleben Erde darauf, immer paarweise. Dabei ist es wichtig, starken Kleber zu verwenden und ihn gut antrocknen zu lassen, damit die Erdkrümelchen auch halten. Dieses Erde-Memory ist besonders spannend, weil man es auch mal blind spielen kann, denn die Erden fühlen sich alle ein bisschen anders an.

GUT ZU WISSEN

Griechische Philosophen ab etwa dem 5. Jahrhundert vor Christus postulierten, dass alles in der Welt aus den vier Elementen Feuer, Wasser, Luft und Erde bestünde. Die Elemente als Urstoffe der Welt: In der Antike bekamen die vier Elemente eine spirituelle oder auch magische Note, indem man bestimmte Gesetzmäßigkeiten erkennen wollte und auf sie übertrug und so den Grundstein für die spätere Alchimie legte. Jahreszeiten, Gottheiten, Geister, Sternzeichen, Tageszeiten und Charaktereigenschaften wurden mit den vier Elementen in Beziehung gesetzt. So passten zur Erde beispielsweise die Nacht und der Winter, Gnome (Erdgeister), die Himmelsrichtung Norden, das melancholische Temperament und die Sternzeichen Stier, Jungfrau und Steinbock. Mit den Elementen setzten sich auch in späterer Zeit Philosophen, Naturphilosophen, Denker, Dichter, Wissenschaftler und spirituelle Menschen (darunter Carl Gustav Jung und Rudolf Steiner) auseinander, indem sie die Elemente zu der menschlichen Seele in Beziehung setzten.

Bildungsbereiche

- ☐ Soziales Lernen und Religion
- ☑ Kreativität und Musik
- ☑ Mathematik und Naturwissenschaft
- ☑ Sprache und Kommunikation
- ☑ Körper und Bewegung

1 Projektwoche

Mal krümelig, mal matschig

Tag 4 — Unser Mini-Garten

Mitgeliefertes Material
- Schnell wachsende Pflanzen für den Mini-Garten – Bilder (M 6)

Zusätzliches Material
- einige Blumentöpfe und Untersetzer
- Tonscherben (zerschlagener alter Blumentopf)
- Maltischdecke oder Zeitungspapier
- Erde (z. B. Komposterde, Kräutererde und Anzuchterde)
- Pflanzensamen (Pflanzensorten siehe *Gut zu wissen* auf der nächsten Seite)
- Gießkannen, Schaufeln und Spaten

Vorbereitung
Sie können die Pflanzen in Blumentöpfen pflanzen oder natürlich im Kita-Garten, wenn hier Platz ist. Je nachdem, ob Sie die Pflanzen im Garten oder in Töpfen auf der Fensterbank aussäen wollen, kommt es auf einen guten Platz an. Im Garten suchen Sie eine Stelle, die sonnig genug ist, damit der Boden auch warm wird.

Durchführung

Unser Gemüsebeet im Kita-Garten: Beetvorbereitungen
Wenn Sie noch kein Beet haben, bereiten Sie so die Erde vor: Zunächst muss das Gras entfernt werden. Mit Spaten und Schaufeln stechen Sie dafür stückweise das Gras ab. Die Kinder heben die Soden heraus und schütteln die Erde so gut wie möglich ab. Die Gras-Erde-Stücke sollten mit der Grasseite nach unten auf einen Haufen gelegt werden. Daraus entsteht ein guter Humus. Sie können sie auch auf den Komposthaufen schichten.
Wenn Sie das Beet im Herbst vorbereiten, können Sie etwas Mist einarbeiten. Im Frühjahr sollten Sie lieber nur Komposterde aufschütten und nach ein paar Tagen locker einharken. Durch das Abstechen der Grasschicht ist die Erde meist schon locker genug.

Unser Gemüsebeet im Kita-Garten: Aussaat
Ist das Beet vorbereitet, kann das Sähen beginnen. Suchen Sie mit den Kindern Pflanzen aus, die in der entsprechenden Lage des Beetes gedeihen können. Eine Foto-Liste von schnell wachsenden Pflanzen finden Sie in M 6. Diese können Sie den Kindern zeigen, damit sie sich entscheiden können. Achten Sie auf die Bedingungen des Bodens (Licht, Wärme und Feuchtigkeit) und darauf, ob die Pflanze ein Lichtkeimer ist. Dann sollte nur wenig oder gar keine Erde auf dem Samen liegen. Andernfalls darf eine Schicht von ein bis zu mehreren Zentimetern darüberliegen. Informationen über Keimzeiten und Bedingungen finden Sie auf den Samenpackungen, sodass Sie sich danach richten können.
Eine gesunde Mischkultur schützt vor allzu vielen Schädlingen und lässt die Pflanzen gut gedeihen. Dabei dürfen Gemüse und Blumen ruhig in einem Beet zusammen wachsen. Das sieht schön aus und unterstützt das gesunde Gefüge der Pflanzen.

Alternative: Der Garten auf der Fensterbank
Decken Sie den Boden oder einen großen Tisch mit Zeitungspapier oder einer Maltischdecke ab. Stellen Sie Erde, Blumentöpfe und Pflanzensamen bereit.

Mal krümelig, mal matschig Projektwoche 1

Die Kinder dürfen in die Blumentöpfe einige zerstoßene Topfscherben verteilen, sodass Wasser später absickern kann (Drainage). Darauf geben die Jungen und Mädchen etwas von der Anzuchterde und drücken sie nur ganz leicht fest.

Jetzt wählen Sie gemeinsam aus, welche Samen in welchen Topf gegeben werden. Beschriften Sie die Blumentöpfe, damit auch alle später noch wissen, was darin ist. Jeder Blumentopf muss auf einem Untersetzer stehen. Sie können auch eine große flache Schale für mehrere Töpfe benutzen. Wichtig ist nur, dass die Töpfe ausreichend luftig stehen (nicht in engen Übertöpfen) und überflüssiges Wasser abfließen kann. Denn Staunässe lässt die Erde stocken und bald die Samen schimmeln. Trotzdem muss die Erde immer schön feucht sein. Die Kinder gießen die Samen vorsichtig an und sprühen sie immer wieder an.

GUT ZU WISSEN

Für die ersten Gärtnerversuche eignen sich besonders: Schnittlauch, Karotten, Radieschen, Kohlrabi, Schnitt- oder Pflücksalat, Tomaten, Bohnen, Kartoffeln, Kapuzinerkresse, Tagetes, Sonnenblumen, Kräuter (Pfefferminze, Salbei, Oregano, Thymian, Lavendel) Ideal ist es, wenn Sie nicht vor dem 20. Mai mit der Pflanzaktion im Freien beginnen. Dann sind die „Eisheiligen" – das sind ein paar Tage mit Nachtfrösten – vorbei.

Tipp

Wenn Sie über die Töpfe eine Frischhaltefolie ziehen, keimen die Samen noch schneller. Achten Sie darauf, gelegentlich die Folie hochzuheben, damit die Erde darunter nicht stockt oder schimmelt. Sobald die Samen gekeimt sind, entfernen Sie die Folie, weil die Pflanzen Luft und Licht brauchen.

Bildungsbereiche

- ☐ Soziales Lernen und Religion
- ☐ Kreativität und Musik
- ☒ Mathematik und Naturwissenschaft
- ☐ Sprache und Kommunikation
- ☒ Körper und Bewegung

1 Projektwoche

Mal krümelig, mal matschig

Tag 5 — Erde selbstgemacht!

Mitgeliefertes Material
- Unser Kompostzaun – Bauanleitung (M 7)

Zusätzliches Material
- die in M 7 genannten Materialien
- Reisig, Grasschnitt und Pflanzenreste
- Spaten
- Schaufeln für die Kinder

Vorbereitung
Laden Sie rechtzeitig Helfer ein, mit Ihnen und den Kindern den Kompostzaun aufzubauen (Brief an die Eltern M 1). Mithilfe des Briefes erfahren Sie auch, welche Materialien Sie eventuell gespendet bekommen. Suchen Sie einen geeigneten Platz im Garten aus. Günstig ist eine Position am Rande des Gartens, nicht zu nah an einem Nachbarhaus, da manchmal starke Gerüche entstehen können (das passiert, wenn Essensreste auf den Kompost kommen). Wählen Sie lieber einen schattigen Platz, dann bleibt der Kompost schön feucht. Sammeln Sie bereits im Vorfeld Material für die erste Bestückung des Komposthaufens.

> **GUT ZU WISSEN**
> Auf einem Kompost wird aus Lebensmittelresten und Pflanzenabfällen Erde. Dabei helfen viele Kleintiere mit, die durch Fressen und Wiederausscheiden der Abfälle die Stoffe allmählich zerkleinern. Zusätzlich faulen die Abfälle und zersetzen sich. Schließlich durchmischen auch Regenwürmer die fertige Erde, indem sie sie fressen und wieder ausscheiden, bis sie feinkrümelig und nach Wald duftender Humus ist.

Durchführung

Schritt 1: Vorbereiten des Bodens
Die Kinder sollten bereits informiert sein, dass ein Komposthaufen angelegt wird. Sie sollten wissen, wofür dieser gut ist und warum es sinnvoll ist, einen Kompost anzulegen.

Bereiten Sie den Kompostplatz mit den Kindern vor: Stechen Sie Grassoden ab und legen Sie diese beiseite. Sie kommen später wieder auf den Haufen! Messen Sie gemeinsam ab, wo die Pfosten eingeschlagen werden sollen und markieren Sie die Stellen, z. B. mit kleinen Stöcken.

Schritt 2: Aufbauen des Kompostzauns
Dafür verwenden Sie die Bauanleitung M 7.

Mal krümelig, mal matschig Projektwoche 1

Schritt 3: Bestücken des Kompostbehälters

Jetzt dürfen die Kinder das erste Material darauf verteilen. Dabei gilt die Regel: Immer Trockenes und Grobes im Wechsel mit Feinem und Feuchtem aufschichten. Begonnen wird mit einer Art Drainage, sodass Wasser ablaufen kann. Ideal sind kleine Äste, Zweige und grobes Schnittgut. Darauf kann dann schon Grasschnitt liegen oder die Grassoden, die die Kinder vorher abgestochen haben. Diese legen sie am besten mit dem Gras nach unten auf, dann sterben die Wurzeln ab und das Gras verrottet. Wenn die Kinder den Kompost immer wieder gut bestücken, haben sie im Folgejahr bereits besten Humus.

GUT ZU WISSEN

1. Das alles darf auf den Komposthaufen: Eierschalen, Erde, Gemüsereste, Haare, Heu, Kaffeesatz, Kehricht, Kleintierstreu, Küchenpapier, Laub, Obst- und Gemüseabfälle, Papiertaschentücher, Pappe, Pflanzenreste und -abfälle (keine kranken Pflanzen!), Pflanzen- und Rasenschnitt, Sägemehl und -späne, Stroh, Teebeutel, Zeitungspapier

2. Ein richtig bestückter Kompost stinkt nicht. Denn er fault nicht, sondern verrottet. Sollte er doch zu stinken beginnen, streuen Sie etwas Steinmehl auf. Das bindet die Gerüche und sorgt für ein besseres „Klima" im Kompost. Außerdem enthält es viele Mineralien, die der späteren Erde guttun.

Bildungsbereiche

- ☐ Soziales Lernen und Religion
- ☐ Kreativität und Musik
- ☒ Mathematik und Naturwissenschaft
- ☐ Sprache und Kommunikation
- ☒ Körper und Bewegung

Elternbrief
Kopiervorlage

Liebe Eltern,
im Rahmen unseres Projekts „Mal krümelig, mal matschig" wollen wir uns am
_____ auf die Suche nach Erde in unserer Umgebung machen. Die Kinder
dürfen mit Schaufeln verschiedene Erden sammeln und in Eimern mitbringen.
Bitte rüsten Sie Ihr Kind mit festen Schuhen und wetterfester Kleidung aus. Da wir
auch durch Wiesen gehen werden, möchten wir Sie darauf hinweisen, die Kinder
abends besonders gründlich auf Zecken zu untersuchen!
Zum Abschluss des Projekts möchten wir für den Kindergarten einen Komposthaufen anlegen. Denn schließlich sollen unsere Kinder lernen, dass aus unseren
Küchenabfällen wieder wunderbare Erde entstehen kann. Mit dieser Erde wollen
wir nächstes Jahr ein Gemüsebeet anlegen. Für unseren Kompostzaun möchten
wir einen Rahmen aus Holz und Drahtzaun bauen.

Die Aktion ist geplant am _____ von ca. _____ bis _____ Uhr.

- Wer hat Zeit und Lust, uns zu helfen? Wir benötigen mindestens zwei starke Helfer oder Helferinnen, um die Pfosten fest im Boden zu verankern.
- Wer kann uns für den Bau des Komposters einige Spaten, eine Wasserwaage und einen großen, schweren Hammer leihen (5 kg)?
- Wer möchte Material spenden? Wir brauchen 4 stabile Holzpfosten (5 cm Durchmesser und 1,30 m Länge), Maschendraht (1 m hoch und 4,30 m lang) und Krampen (Nägel in U-Form). Für Alternativen sind wir selbstverständlich offen!

Herzliche Grüße von Ihrem Kita-Team

- ✂ - -

☐ Ich komme und helfe mit, den Kompostzaun aufzubauen.
☐ Ich kann einen großen Hammer mitbringen.
☐ Ich kann eine Wasserwaage mitbringen.
☐ Ich kann ____ Spaten mitbringen.
☐ Ich kann folgendes Material spenden:
_____
_____

_____   _____
Name des Kindes   Unterschrift

Was ist Erde?
Info

Erde entsteht durch viele verschiedene Prozesse. Der erste ist das Abschleifen und Zerkleinern von Gesteinen, was seit Tausenden von Jahren passiert. Dazu kommen lebende und absterbende Pflanzen, die durch ihre Wurzeln verschiedene Mineralien absondern und den Boden festigen oder lockern. Auch Tiere und viele Bakterien spielen eine große Rolle. Wasser und Luft müssen auch vorhanden sein, um den Boden entstehen zu lassen. Unter der dünnen Bodenschicht, die wir allgemein „Erde" nennen, befinden sich Gesteinsschichten, die eine Kruste um den Erdkern bilden.

Der **Erdboden ist besonders wichtig** für das Leben der Menschen, denn hier werden tote organische Stoffe wieder in Mineralien umgewandelt, die notwendig sind für das Wachstum von Pflanzen. Denn ohne Pflanzen, d. h. ohne deren Blattgrün, gibt es keinen Sauerstoff. Und ohne Sauerstoff gibt es kein Leben. Aber ohne Pflanzen fehlt uns auch die Nahrung, selbst wenn wir keine Vegetarier sind. Denn die Tiere, von denen wir uns ernähren wollen, fressen auch Pflanzen.

Bodenarten sind Sand, Lehm, Schluff und Ton. Sie sind in horizontalen Schichten im Boden enthalten, mal mehr und mal weniger. Jede Bodenart kann der anderen angeglichen sein. Z. B. kann es lehmigen Sand geben, aber auch sandigen Lehm, schluffigen Ton oder sandigen Ton usw.

Die obere Schicht des Bodens besteht im besten Fall aus **Humus**. Das ist organisches Material aus toten pflanzlichen und tierischen Stoffen, sowie tierische Ausscheidungen. Der Humus färbt die Erde – je nach Intensität – von braun bis schwarz.

In der Erde befinden sich viele verschiedene **Mineralien**, **Spurenelemente** und andere wichtige Stoffe wie Kalium, Magnesium und Eisen sowie Stickstoff und Schwefel.

Ganz wichtig ist auch die **Luft** in der Erde, also Hohlräume und Poren. Je luftiger der Boden ist desto leichter können sich Wurzeln ausbreiten.

Außerdem befinden sich viele kleine **Tiere** in der Erde – von der Ameise bis zum Regenwurm. Aber auch zahlreiche Bakterien sind vorhanden, die dafür sorgen, dass Abfälle „verdaut" werden.

Wasser ist ebenfalls im Boden enthalten, mal mehr und mal weniger. Je nachdem, wie durchlässig die Erde ist, also wie viel Ton oder Lehm enthalten ist und wie fest die Erde zusammengedrückt ist, läuft das Wasser nach unten ab oder bleibt länger im oberen Bereich stehen.

Es gibt Erden in verschiedenen **Farben und Konsistenzen**. Einige Farben, die von Künstlern verwendet werden, haben ihre Namen aufgrund der farbigen Erden (z. B. gelber und roter Ocker, grüne Erde, Englischrot). Die Tönung der Erde kommt durch die Zusammensetzung zustande. Insbesondere spielen Mineralien eine große Rolle dabei, aber auch Eisenanteile. Schon zu Urzeiten dienten Erdfarben dem künstlerischen Ausdruck der Menschen, wie zum Beispiel bei der Höhlenmalerei. Um helle Farbtöne zu erhalten, kann weiße Kreide oder weißes Steinpulver zugemischt werden. Zum Schwärzen eignet sich Kohle.

Zu Besuch bei den Maulwürfen
Traumreise unter der Erde

Heute sind wir auf der Wiese. Vor dir ist ein Maulwurfshügel. Neugierig gehst du durch das Gras näher heran. Du schaust dir den Hügel an. Oh, was ist das? Ein kleiner Maulwurf streckt seinen Kopf aus dem Hügel. Seine kleinen Äuglein sehen dich interessiert und freundlich an. „Hallo!", begrüßt du den Maulwurf freundlich.

Der Maulwurf klettert zu dir auf die Wiese. Du schaust ihm eine Weile zu, wie er auf der Wiese tollpatschig umherläuft. Er sieht nur sehr wenig, darum stößt er sich öfter an den Bäumen und Sträuchern. Das sieht lustig aus.

„Möchtest du mich mal in meinem Zuhause besuchen?", schlägt dir das Tierchen vor. Mit einem Zauberspruch – *Pitze, patze, winzigklein will ich für eine Weile sein* – schrumpfst du, bis du so klein wie der Maulwurf bist. Vorsichtig gräbt er für dich ein Loch, damit du in den Gang hineinkriechen kannst. Langsam folgst du ihm in die Erde. Hier ist es gemütlich und warm und etwas dunkel. Aber dein Maulwurffreund ist bei dir und kriecht mit dir zusammen. Nachdem du dich an die Dunkelheit gewöhnt hast, kommst du gut voran und schon bald seid ihr im Zuhause des kleinen Maulwurfs angekommen.

Der Gang weitet sich zu einer gemütlichen kleinen Höhle. Der kleine Maulwurf stellt dich seiner Familie vor. Das sind Mama und Papa Maulwurf und fünf Maulwurfsgeschwister. Mit den Maulwurfskindern spielst du eine Weile Fangen und Verstecken. Das macht Spaß, denn ihr könnt euch in Gängen und Kammern verstecken. Dann ruht ihr euch alle zusammen etwas in der gemütlichen Höhle aus. Wurzeln hängen von der Decke, es ist so weich und gemütlich. Schön ist es bei den Maulwürfen!

Jetzt ist es aber Zeit, zu gehen. Du verabschiedest dich von allen. Du krabbelst wieder zurück und der kleine Maulwurf begleitet dich, bis du sicher wieder auf der Wiese bist. Ah, jetzt ist es wieder hell. Zum Abschluss winkt ihr euch fröhlich zu. Du hast einen Freund gefunden. Mit einem Zauberspruch wirst du jetzt wieder groß: *Pitze, patze, groß und hoch komm ich raus aus dem Maulwurfsloch.* Ein toller Ausflug!

Wir bauen einen Wasserfilter
Anleitung

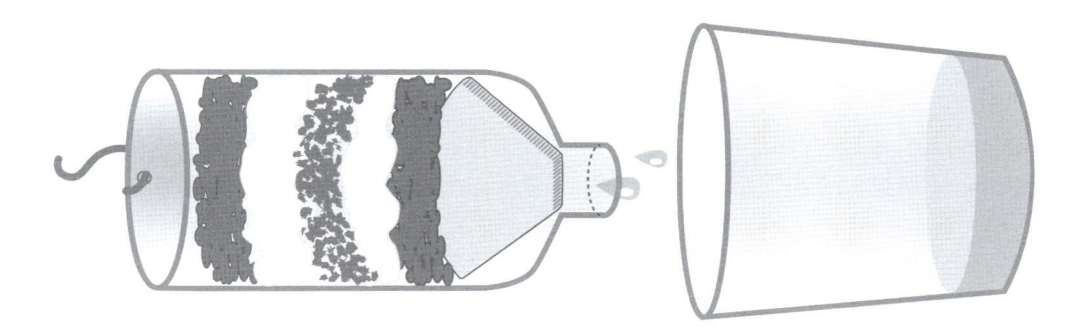

Bild 3

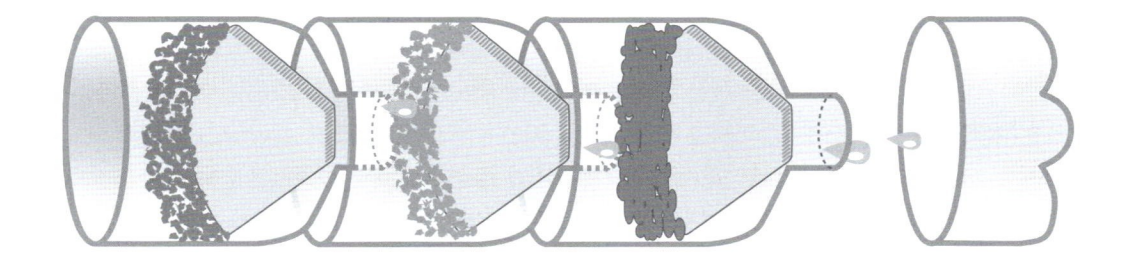

Bild 2

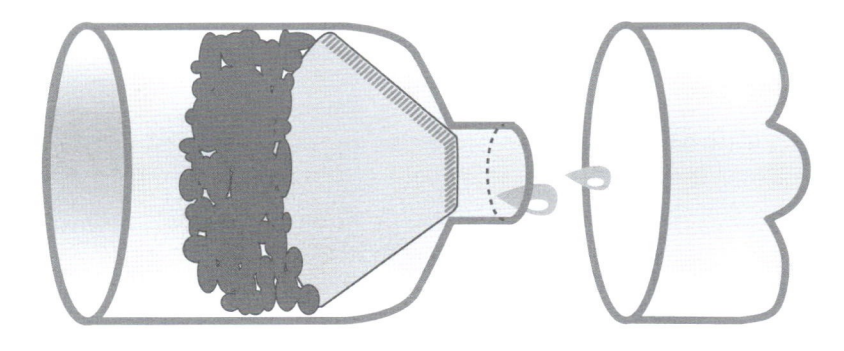

Bild 1

M5

Farbe und Knete aus Erde
Anleitung

Material:
- verschiedene Erden
- viele kleine Behälter (z. B. Marmeladengläser)
- viele Becher, Schüsseln, Rührlöffel
- 2 Gläser Kleister (aus Mehl oder Stärke) oder 3–4 Becher Quark oder mehrere Eier
- etwas Ziegelstaub, Steinstaub oder Pflanzensaft
- etwas Speiseöl
- 1–2 Liter Wasser
- 1 Mörser oder große Steine

Erdfarben

Zerreiben Sie die unterschiedlichen Erden zu Erdstaub (Pigmenten), indem Sie sie mit dem Mörser oder mit einem großen Stein zerstampfen
Als Bindemittel, um die Pigmente festzuhalten, eignen sich Kleister (am besten aus Mehl oder Stärke, da sie nicht giftig sind), Quark oder Ei. Nur mit Wasser vermischt, halten sie schlecht auf Untergründen. Je nach Intensität der Erde und Beschaffenheit des Untergrunds, benötigen Sie mehr oder weniger Bindemittel. Rechnen Sie mit einem Verhältnis von etwa 1:5 (z. B. 1 EL Quark für 5 EL Erde). Lassen Sie die Kinder ausprobieren, wann ihre Farbe am besten hält. Zum „Erde-Teig" wird nun so viel Wasser gegeben, wie nötig. Das heißt, die Kinder rühren langsam etwas Flüssigkeit ein – so lange, bis die gewünschte Konsistenz erreicht ist.
Erdfarben können auch mit Ziegelstaub, Steinstaub oder Pflanzensaft gemischt werden. Dadurch ergibt sich ein großes Spektrum an Farben.

Erdknete

Gemischt mit etwas Wasser eignen sich viele Erden zum Formen – vor allem lehm- und tonhaltige Erden. Damit die Knete etwas beständiger und haltbarer wird und nicht so stark bröselt, können Sie sie mit einem Binder mischen. Geeignet sind alle Bindemittel, die auch für Farben verwendet werden, also Quark, Ei, Kleister und Leim. Etwas Speiseöl macht die Erde-Knete geschmeidiger.

Tipp

Wenn Sie Tapetenkleister als Binder verwenden, sollte die Erde-Farbe oder Erde-Knete nicht in der Natur entsorgt werden. Alle anderen Binder sind natürlich und somit auch kompostierbar!

Schnell wachsende Pflanzen für den Mini-Garten
Bilder

Radieschen. Keimdauer: 2 bis 5 Tage, Platz: sonnig

Pflücksalat. Keimdauer: 4 bis 6 Tage, Platz: sonnig

M6

Schnell wachsende Pflanzen für den Mini-Garten

Bilder

Kresse. Keimdauer: 3 bis 5 Tage, Platz: sonnig

Weizen. Keimdauer: 3 bis 5 Tage, Platz: sonnig bis schattig

Schnell wachsende Pflanzen für den Mini-Garten

Bilder

Sonnenblumen. Keimdauer: 6 bis 8 Tage, Platz: sonnig

Busch- und Stangenbohnen. Keimdauer: 4 bis 8 Tage, Platz: sonnig bis halbschattig

M7

Unser Kompostzaun
Bauanleitung

Material
- 4 runde Pfosten 1,30 m lang, 5–8 cm Durchmesser, unten angespitzt
- Maschendraht 4,30 m x 1 m
- Krampen (Nägel in U-Form)
- Hammer
- schwerer Hammer (mindestens 5 kg)
- Zange
- Wasserwaage
- Beil oder Taschenmesser
- Maßband
- ein wenig Draht

Und so geht's

Besorgen Sie vier Holzpfosten im Baumarkt oder beim Holzhandel und lassen Sie sie gleich etwas anspitzen. Sie können das Anspitzen auch selbst mit einem scharfen Beil oder einem guten Taschenmesser durchführen.

Markieren Sie sich die vier Punkte für die Pfosten (wir empfehlen eine Größe von 1 m x 1 m). Bei weichem Boden (etwa nach einem Regenguss) lassen sich die Pfosten einfacher in die Erde schlagen. Achten Sie darauf, die Pfosten gerade einzuschlagen und sie auf gleiche Höhe zu bringen. Die Jungen und Mädchen können das nachprüfen, indem sie ein Brett von einem Pfosten zum anderen legen und eine Wasserwaage darauf stellen. Sind alle Pfosten fest im Boden eingelassen, wickeln nun die Kinder den Zaun vorsichtig um die Pfosten herum. Sie fangen an einer vorderen Ecke an und arbeiten sich nach hinten herum wieder bis vorn durch. So bleibt am Schluss das Stück für die Vorderseite übrig. Jetzt muss der Zaun befestigt werden. Schlagen Sie die Krampen ein. Das geht ziemlich schwierig, weil sich die U-Haken gern in eine Richtung biegen. Hat die Krampe Halt gefunden, dürfen auch die Kinder ein paar Schläge machen, um den Haken sicher zu befestigen. Stück für Stück schlagen die Kinder die Haken ein und fixieren reihum den Zaun an den Pfosten. Nur das Endstück wird lose mit Draht befestigt. So können Sie später diese Stelle als „Tür" öffnen, um den Kompost durchzumischen oder zu wenden.

Tipp

Haben Sie keine Helfer oder ist Ihnen das Einschlagen von Holzpfosten zu schwierig, können Sie auch Eisenstäbe benutzen. Sie müssen den Zaun dann entsprechend mit Draht daran festbinden.

Mal krümelig, mal matschig · Info für die Eltern · **M 8**

Info für die Eltern
Projekt „Mal krümelig, mal matschig"

Liebe Eltern,
wir haben uns in den letzten Tagen im Rahmen unseres Projekts **Mal krümelig, mal matschig** mit dem Element Erde beschäftigt.

Die Kinder haben
- verschiedene **Erdsorten** kennengelernt und untersucht,
- einen **Filter aus Erden** für sauberes Wasser gebaut,
- eine Fantasiereise unter die Erde unternommen,
- Erde als **Spiel- und Erlebnismaterial** genutzt,
- einen **kleinen Garten** angelegt,
- einen **Kompostzaun** gebaut und einen **Komposthaufen** angelegt, um eigene Erde herzustellen.

Unsere erreichten Bildungsziele sind:
- **Zusammenhänge** in der **Natur begreifen**
- **naturwissenschaftliches Verständnis entwickeln**
- **Natur** und **Umwelt respektieren** und **schützen**
- **Kreativität** mit **Naturmaterialien entfalten**

Herzliche Grüße
Ihr Kindergartenteam

M9 Portfolio Mal krümelig, mal matschig

Was habe ich gelernt?
Meine Dokumentation in Bildern

Name des Kindes _____

Datum _____ Unterschrift der Erzieherin _____

Ich kenne mich mit Erde aus!
Ich habe viel über Erde gelernt: Jetzt weiß ich, wie Erde das Wasser filtert und säubert, wie man mit Erde kneten und malen kann, wie man einen Garten anlegt oder sogar selbst Erde herstellen kann. Hier ist ein Foto von mir, während ich

_____

Vom Regen ins Glas

Das Element Wasser

Jeden Tag in dieser Projektwoche beschäftigen sich die Kinder mit einem anderen Aspekt zum Thema *Wasser*. Sie informieren sich über Wasser als wertvolle Ressource, probieren aus, wie Wasser transportiert werden kann, und experimentieren mit den Aggregatzuständen des Wassers.
Schließlich machen die Kinder einen Ausflug an ein Gewässer, wo sie zum einen erleben, wie das Wasser sich in natürlicher Umgebung verhält und welche Pflanzen und Tiere es dort gibt.
Zum anderen können sie Schiffchen bauen und dabei erfahren, welches schwimmt und welches untergeht.

Projektorganisation

Auf einen Blick

Alter	3 bis 6 Jahre
Zeit	1 Woche, täglich 1 bis 2 Stunden
Gruppe	maximal 6 Kinder
Ort	Gruppenraum, Bach oder See in der Nähe
Vorbereitung	Kopiervorlagen kopieren, Material besorgen
Bildungsziele	✗ Zusammenhänge in der Natur begreifen
	✗ Die Natur achten und schützen
	✗ Ein Gewässer kennenlernen, beobachten und als wichtiges Ökosystem verstehen und respektieren
	✗ Wasser als Nahrungsmittel und wichtige Ressource kennenlernen und wertschätzen
	✗ Wissen über Wasser als physikalisches Element mit vielen Eigenschaften erlangen

Projektplanung

Planen Sie für dieses Projekt an jedem Tag der Woche etwa 1 Stunde ein. Am letzten Tag macht die Gruppe nach Möglichkeit einen Ausflug zu einem See oder einem Bach, planen Sie dafür dementsprechend mehr Zeit ein.

Besorgen Sie im Vorfeld die benötigten Materialien. Eine Bücherkiste zum Thema Wasser ergänzt das Projekt.

Portfolio-Tipp

Halten Sie das Projekt mit der Kamera fest. Die Kinder suchen sich dann ihre Lieblingsbilder aus und kleben sie in die Portfolio-Vorlage (M 8)

Projektorganisation

Wochenplan

Tag 1
Wunderbare Welt des Wassers   Dauer: 1 Stunde
Infos über Wasser erfahren, den Kreislauf des Wassers kennenlernen, Wassermusik machen

Tag 2
Wasserstation   Dauer: 1 Stunde
verschiedene Wasserleitungen bauen

Tag 3
Wie schmeckt Wasser?   Dauer: 1 Stunde
Wassersorten probieren, einen Regenbogen machen

Tag 4
Von flüssig zu fest   Dauer: 1 Stunde
Aggregatzustände von Wasser kennenlernen

Tag 5
Segelbootregatta   Dauer: 2 Stunden
einen Ausflug zu einem Bach oder See unternehmen, selbstgebastelte Boote schwimmen lassen

Material

M 1: Was ist Wasser?
Info • S. 44

M 2: Der Kreislauf des Wassers
Schaubild • S. 45

M 3: Kleine Wassermusik
Klanggeschichte • S. 46

M 4: Verschiedene Wasserleitungen
Schaubilder • S. 47

M 5: Der Regenbogenmacher
Geschichte aus dem Himmel • S. 49

M 6: Drei kleine Boot-Ideen
Anleitungen • S. 51

M 7: Info für die Eltern • S. 53

M 8: Portfolio • S. 54

2 Projektwoche — Vom Regen ins Glas

Tag 1: Wunderbare Welt des Wassers

Mitgeliefertes Material
- Was ist Wasser? – Info (M 1)
- Der Kreislauf des Wassers – Schaubild (M 2)
- Kleine Wassermusik – Klanggeschichte (M 3)

Zusätzliches Material
- für jedes Kind 1 Glas Wasser
- Krug mit Wasser
- 4 Gläser
- Löffel
- Lebensmittelfarbe
- Klangstäbe oder Xylofon

Vorbereitung

Füllen Sie für die Kinder Gläser mit frischem Leitungswasser und stellen Sie diese im Stuhlkreis bereit. Die Infos über Wasser (M 1) geben Ihnen einen Überblick über alles Wissenswerte rund um das nasse Element.

Durchführung

Schritt 1: Wasser ist…

Verteilen Sie die Gläser an die Kinder im Stuhlkreis – dass man Wasser trinken kann, wissen die Kinder. Doch was fällt Ihnen noch zu dem Element ein? Starten Sie in diese Projektwoche mit einer Assoziationsrunde.
Unterstützen Sie die Kinder durch Nachfragen dabei, allmählich darauf zu kommen, woher das Wasser kommt: aus dem Wasserhahn, aus der Leitung, aus dem Wasserwerk, aus einer Quelle oder dem Grundwasser.

Schritt 2: Der Wasserkreislauf

Bald werden die Kinder von selbst bemerken, dass zu Hause das Wasser aus dem Hahn, aber meist auch aus Flaschen kommt. Die Eltern kaufen es im Supermarkt. Aber wie kommt es da hinein?
Das Wasser wird entweder in die Leitungen nach Hause gepumpt oder in großen Abfüllanlagen in Flaschen gefüllt. Anhand des Schaubilds (M 2) und *Gut zu Wissen* auf der nächsten Seite können Sie den Kindern den Wasserkreislauf näher erklären.

SCHLAGWÖRTER ZU WASSER

Kühl, nass, nötig zum Trinken und Baden, geruchlos, durchsichtig, heiß, säubernd, tragend, durstlöschend, verdampfend, flüssig, geschmacklos, erfrischend, salzig …

Vom Regen ins Glas

Projektwoche 2

Schritt 3: Eine kleine Wassermusik

Wasser kann man nicht nur trinken. Man kann damit auch mehr als baden oder Blumen gießen – mit Wasser kann man Musik machen! Glauben die Kinder nicht? Das folgende Experiment wird es ihnen zeigen.

Das Wasser im Krug können die Kinder mit Lebensmittelfarbe einfärben, dann wird das Experiment anschaulicher. Die Kinder füllen vier gleiche Gläser mit unterschiedlich viel Wasser aus dem Krug. Mit einem Löffel schlagen sie die Gläser an der jeweils gleichen Stelle an. Was passiert? Können die Kinder die Gläser je nach Höhe des Tons, der erzeugt wird, ordnen? Was fällt ihnen jetzt auf? Genau: Je voller das Glas, umso tiefer ist der Ton. Fällt den Kindern eine kleine Melodie ein, die sie mit den Wassergläsern spielen wollen?

GUT ZU WISSEN

Wasser geht nie verloren. Es ändert nur seinen Zustand und zirkuliert zwischen Meer und Festland. Die Ozeane sind die größten Wasserspeicher. Die Sonne erwärmt das Wasser der Meere und auch die Seen und Flüsse und Pfützen auf dem Festland, wodurch es verdunstet. Dadurch entsteht Luftfeuchtigkeit. Wenn die Luft weiter aufsteigt, kühlt sie sich ab und Wolken entstehen. Wolken bestehen aus kondensierter Luftfeuchtigkeit. Werden die Wassertropfen in den Wolken zu groß, kommt es zu Niederschlägen – je nach Temperatur regnet, schneit oder hagelt es. Fällt das Wasser direkt wieder ins Meer, beginnt der Kreislauf sofort von vorne. Fällt der Niederschlag über dem Festland ab, sickert der Regen ins Grundwasser. Durch den Grundwasserfluss oder über Flüsse fließt es wieder in die Ozeane. So gelangt zum Beispiel auch Schmelzwasser der Gletscher in die Ozeane.

Tipp

Zum Abschluss des Tages oder als Ritual für das ganze Projekt eignet sich die Klanggeschichte über die drei kleinen Wassertropfen (M 3). Dazu braucht man nur ein Instrument, beispielsweise Klangstäbe oder Xylofon. Bei Regen wird laut und schnell geklopft. Wenn nur einzelne Tropfen im Text vorkommen, spielen die Kinder nur kurz. Die Geschichte lässt sich auch mit den Wassergläsern aus dem Experiment vertonen.

Bildungsbereiche

- ☐ Soziales Lernen und Religion
- ☐ Kreativität und Musik
- ☒ Mathematik und Naturwissenschaft
- ☒ Sprache und Kommunikation
- ☐ Körper und Bewegung

2 Projektwoche — Vom Regen ins Glas

Tag 2 — Wasserstation

Mitgeliefertes Material
- Verschiedene Wasserleitungen – Schaubilder (M 4)

Zusätzliches Material
- 1 Trichter
- 1 Schlauch, ca. 1,5 cm Durchmesser, mind. 50 cm lang
- Klebeband
- Tisch und Stuhl
- 1 leeren Eimer
- 1 Eimer mit Wasser
- 1 spitze Schere oder 1 Cutter
- mind. 4 PET-Flaschen
- Nägel/Schrauben
- Hammer/Schraubendreher
- Rolle Bindfaden
- Gießkanne

Durchführung

Schritt 1: Wie kommt das Wasser ins Haus?

Zeigen Sie den Mädchen und Jungen die Schaubilder 1 und 2 aus dem Materialteil (M 4). Um zu verstehen, wie Wasser ins Haus gelangt, probieren die Kinder es aus. Denn um Wasser nach oben fließen zu lassen, muss man ziemlich viel Druck aufwenden. Diesen Druck kann man erreichen, indem man das Wasser zunächst sehr weit oben lagert (Hochbehälter) und nach unten fließen lässt. Die Kinder stecken dazu einen Trichter in einen Schlauch. Wenn der Schlauch nicht genau passt, wickeln die Mädchen und Jungen Klebeband herum, bis die Verbindung dicht ist.

Tipp

Für die Verbindung eignet sich auch ein Luftballon. Er wird am unteren, dicken Ende aufgeschnitten und über die Verbindung gezogen, wie eine Stulpe.

Vom Regen ins Glas

Projektwoche 2

Schritt 2: Wasserleitung ins Hochhaus
Die Kinder stellen einen Eimer auf einen Stuhl. Der Eimer stellt das Hochhaus dar. Neben dem Eimer steht ein Tisch. Ein Kind steigt hinauf (das ist der Hochbehälter). Reichen Sie ihm einen mit Wasser gefüllten Eimer. Ein anderes Kind steigt ebenfalls hinauf, um den Trichter festzuhalten.
Ein weiteres Kind hält das Schlauchende in den Eimer. Dabei darf der Schlauch, wenn er lang genug ist, vorher auf dem Boden ankommen, sodass er nach oben in den Eimer gerichtet ist. Sobald das Kind oben den Wassereimer in den Trichter kippt, fließt das Wasser durch den Schlauch in den Eimer.

Schritt 3: Ein Rohrsystem
Zeigen Sie den Kindern das Schaubild 3 (M 4). Um Wasser über eine längere Strecke zu transportieren, kann man Rohre benutzen. Eine schöne Form, ähnlich einer Kugelbahn, ist es, Flaschen etwas versetzt untereinander anzubringen. Die Kinder suchen die Positionen, zum Beispiel an einem Zaun oder einer Holzsäule, aus. Schneiden Sie jeweils eine Aussparung in die Flaschen, wo das Wasser hineinlaufen soll (siehe M 4). Die Flaschen werden mit Bindfaden oder mit Nägeln bzw. Schrauben befestigt. Ganz unten steht ein Eimer oder das Wasser fließt z. B. in den Sandkasten. Oben wird jeweils Wasser aus einer Kanne oder einem Eimer in die erste Flasche gegossen.

Tipp

Alternativ zu den PET-Flaschen können die Kinder auch Chipsdosen oder Joghurtbecher verwenden – alles, was sich leicht schneiden lässt und sich nicht allzu schnell auflöst, wenn Wasser durchfließt.

Bildungsbereiche
- ☐ Soziales Lernen und Religion
- ☑ Kreativität und Musik
- ☑ Mathematik und Naturwissenschaft
- ☐ Sprache und Kommunikation
- ☐ Körper und Bewegung

2 Projektwoche — Vom Regen ins Glas

Tag 3: Wie schmeckt Wasser?

Mitgeliefertes Material
- Der Regenbogenmacher – Geschichte aus dem Himmel (M 5)

Zusätzliches Material
- verschiedene Sorten Wasser
- 1 Topf
- 2 Kannen
- Gläser für alle Kinder
- Kamera
- Lebensmittelfarbe

Vorbereitung
Kaufen Sie verschiedene Sorten Wasser wie Heilwasser, Quellwasser, Wasser mit verschiedenen Mengen und Arten von Kohlensäure.
Wärmen Sie etwa 1,5 l Leitungswasser an und füllen Sie es in eine Kanne. Stellen Sie es zusammen mit den Wasserflaschen sowie einer Kanne mit kaltem Wasser bereit. Stellen Sie für jedes Kind ein Glas dazu.

Durchführung
Schritt 1: Wasser ist Wasser – oder?
Die Kinder probieren verschiedene Sorten Wasser und versuchen, Unterschiede zu finden. Sie tauschen sich darüber aus, wie das Wasser schmeckt. Wer findet Worte für die Geschmackserlebnisse?

Wenn die Kinder mögen, verbinden Sie ihnen die Augen oder lassen Sie die Mädchen und Jungen ihre Augen schließen. So können sie sich noch besser auf den Geschmackssinn konzentrieren.

GUT ZU WISSEN
Der Geschmack des Wassers wird vor allem durch den Gehalt an Mineralien beeinflusst. Außerdem spielt es eine große Rolle, aus welcher Leitung beziehungsweise aus welcher Flasche es kommt. Kunststoffflaschen geben Geschmack an das Wasser ab. Auch das Spülmittel schmeckt man. So ist es sinnvoll, Gläser und Becher vor Gebrauch erst auszuspülen, um evtl. vorhandene Reste von Klarspüler oder Spülmittel zu entfernen.

Bildungsbereiche
- ☐ Soziales Lernen und Religion
- ☐ Kreativität und Musik
- ☑ Mathematik und Naturwissenschaft
- ☑ Sprache und Kommunikation
- ☑ Körper und Bewegung

Vom Regen ins Glas

Projektwoche 2

Schritt 2: Wie schmeckt buntes Wasser?

Wenn man Wasser einfärbt, schmeckt es dann anders? Nehmen Sie Lebensmittelfarben ohne Geschmack und färben Sie damit das Wasser ein. Oder lassen Sie die Kinder das gleiche Wasser aus verschiedenen Gefäßen, möglichst in verschiedenen Farben und Formen sowie aus unterschiedlichen Materialien, trinken.

Schritt 3: Der Regenbogenmacher

Eines der spannendsten Wasserphänomene, das Kinder hin und wieder erleben können, ist der Regenbogen. Doch warum entsteht er? Wer sorgt dafür, dass er erscheint? Könnte es sein, dass es einen Regenbogenmacher gibt? Dieser spannenden Frage geht die kurze Geschichte (M 5) auf den Grund, die Sie zum Abschluss dieses Projekttages gemeinsam lesen können.

Tipp

Testen Sie mit den Kindern Ihr eigenes Können als Regenbogenmacher. An heißen Sommertagen genügen meist schon ein Gartenschlauch mit einer Spritzdüse, die feine Wasserstrahlen ermöglicht, und die entsprechende Sonneneinstrahlung, um einen Mini-Regenbogen in die Luft zu zaubern. Woran das liegt? Das Sonnenlicht bricht sich an den winzigen Tröpfchen und wird so in seine Bestandteile zerlegt. Ein Regenbogen hat einen charakteristischen Farbverlauf, der in jedem Regenbogen auf der ganzen Welt gleich ist. Das glauben die Kinder nicht? Betrachten Sie Fotos von Regenbögen im Internet. Alle sind gleich. Alle beginnen unten mit dunklem Violett und verlaufen nach oben über Blau, Grün, Gelb, Orange und enden mit Rot.

Tag 4 — Von flüssig zu fest

Zusätzliches Material
- 1 Kanne mit Wasser
- 1 Topf
- 1 Glasdeckel oder 1 Glasscheibe
- 2 Topflappen
- Thermometer
- Wecker (Timer, Smartphone mit Timer)
- mehrere Gefriergefäße (Beutel, Eiswürfelbehälter, Plastikdosen mit Deckel)

Vorbereitung
Frieren Sie vorab schon eine Portion Wasser als Eiswürfel ein, um sie den Kinder zeigen zu können. Stellen Sie eine Kanne Wasser, die Eiswürfel und einen Topf bereit.

Durchführung

Schritt 1: Wasser und Eis
Die Kinder treffen sich in der Küche. Zeigen Sie den Mädchen und Jungen das Wasser und fragen Sie, welchen Zustand das Wasser hat. Die Kanne ist zum Beispiel aus Glas. Glas ist fest. Den Kindern fällt bestimmt schnell der passende Aggregatzustand von Wasser ein: flüssig.
Behaupten Sie, dass Wasser aber auch fest sein kann. Protestieren die Kinder? Oder wissen ein paar schon, was Sie meinen? Zeigen Sie ihnen die Eiswürfel. Lassen Sie die Kinder das Eis auch anfassen, damit sie spüren, wie es sich anfühlt. Es ist kalt und in der Hand wird es wieder flüssig. Warum? Wasser gefriert, wenn es sehr kalt wird, also ab 0°C. Sobald es wärmer wird, taut es auf und wird wieder flüssig. Das passiert nun in der Hand, denn die ist viel wärmer.

Tipp

Lassen Sie die Kinder das flüssige und gefrorene Wasser mit einem Thermometer messen. Außerdem können sie ihre Handflächen messen, um den Unterschied der Temperaturen zu sehen.

Vom Regen ins Glas   Projektwoche 2

Bieten Sie an, etwas Wasser einzufrieren, um zu testen, wie lange es dauert, bis es fest ist. Füllen Sie gemeinsam Wasser in Behälter und stellen Sie sie ins Gefrierfach. Vereinbaren Sie Zeiten, zu denen Sie prüfen wollen, ob es fest ist, zum Beispiel alle halbe Stunde. Stellen Sie dafür einen Wecker. Zuletzt können Sie den Kindern den dritten Aggregatszustand von Wasser vorführen. Sagen Sie, dass sie nun zeigen werden, wie das Wasser verdampft.

Schritt 2: Wasserdampf

Aus den Informationen am Anfang der Projektzeit wissen die Kinder, dass Wasser aus Seen und Meeren allmählich verdampft, wenn die Sonne darauf scheint. Es schwebt nach oben und wenn es wieder abkühlt, fällt es als Regen, Schnee oder Nebel wieder herunter. Dies führen Sie nun vor: Füllen Sie dazu etwas Wasser aus der Kanne in den Topf und bringen Sie es zum Kochen.
Wenn das Wasser kocht, sehen die Kinder den Dampf aufsteigen. Legen Sie den Deckel oder die Glasscheibe darüber. Die Kinder sehen, dass zunächst die Scheibe beschlägt, sich dann aber Wassertropfen bilden.
Halten Sie den Deckel etwas höher und schräg, dann laufen die Wassertropfen nach unten, zurück in den Topf. Das passiert, weil der Deckel kälter ist als der heiße Dampf.
Stellen Sie den Herd aus. Reflektieren Sie noch einmal das Gelernte mit den Kindern: Welche Zustände kann Wasser haben? Wie passiert das? Wie sieht das in der Natur aus?

Tipp

Für die Kinder werden die Experimente noch anschaulicher, wenn sie anschließend ein Eis essen dürfen, einen heißen Tee trinken oder einen Schneemann bauen. So können sie die Zustände von Wasser besser begreifen.

Bildungsbereiche

- ☐ Soziales Lernen und Religion
- ☐ Kreativität und Musik
- ☑ Mathematik und Naturwissenschaft
- ☐ Sprache und Kommunikation
- ☐ Körper und Bewegung

2 Projektwoche — Vom Regen ins Glas

Tag 5 — Segelbootregatta

Mitgeliefertes Material
- Drei kleine Boot-Ideen – Anleitungen (M 6)

Zusätzliches Material
- die in M 6 genannten Materialien

Durchführung

Welches Boot schwimmt am besten?

Gehen Sie mit den Kindern zu einem Bach oder einem See und beobachten Sie dort gemeinsam das Wasser. Was passiert, wenn man einen Stein hineinwirft? Welche Tiere gibt es?

Wer mag, kann ein Boot bauen und schwimmen lassen. Die Anleitungen für drei verschiedene Boote finden Sie im Materialteil (M 6).

Die Mädchen und Jungen beobachten ihre Schiffe auf dem Wasser. Schwimmen sie? Gehen sie unter? Anschließend besteht die Möglichkeit, sie zu optimieren.

Vielleicht haben die Mädchen und Jungen weitere Ideen, was schwimmen könnte. Wer weiß, woraus man noch ein Boot oder ein Floß bauen kann?

Vom Regen ins Glas

Projektwoche 2

火   土   金   水   木

GUT ZU WISSEN

In der westlichen Kultur bezieht sich die Elementelehre auf vier Elemente: Feuer, Wasser, Luft und Erde. In China hingegen berücksichtigt man fünf Elemente: Hier sind Holz, Wasser, Metall, Feuer und Erde der Stoff, aus dem die Welt besteht. Noch heute spielt die Fünf-Elemente-Lehre in Qigong, Shiatsu, Feng Shui und der Traditionellen Chinesischen Medizin (TCM) eine tragende Rolle. Den fünf Elementen werden unter anderem Jahres- und Tageszeiten, Tiere, Farben, Sinne, Töne, Pflanzen, Heilkräuter und Planeten zugeordnet.

Bildungsbereich

- ☐ Soziales Lernen und Religion
- ☐ Kreativität und Musik
- ☒ Mathematik und Naturwissenschaft
- ☐ Sprache und Kommunikation
- ☐ Körper und Bewegung

M1

Was ist Wasser?
Info

- Die Erde ist zu circa 71 % mit Wasser bedeckt. Gewässer wie Flüsse und Meere dienen dem Menschen als Verkehrswege. Kleinere Gewässer bieten nicht nur sommerliche Bademöglichkeiten, sondern sind auch wichtige Teile des Ökosystems.
- Ein Wassermolekül (H2O) besteht aus zwei Wasserstoffatomen und einem Sauerstoffatom.
- Wasser kann sich in verschiedenen Aggregatzuständen befinden:
  - Ab 0 °C (absteigend) gefriert es zu Eis – es ist fest. Es dehnt sich aus, was erklärt, warum zum Beispiel Wasserflaschen bersten, wenn wir sie mit Wasser gefüllt einfrieren. Außerdem ist Eis leichter als flüssiges Wasser, so kann es schwimmen.
  - Über 0 °C ist es flüssig.
  - Bei 100 °C, dem Siedepunkt, verdampft es und wird gasförmig.
- Woher kommt das Wasser, das aus unseren Leitungen im Haus fließt? Es gibt verschiedene Quellen:
  - Echtes Grundwasser: reines Wasser, unterirdisch stehend/fließend.
  - Quellwasser: Grundwasser, das irgendwo aus der Erde herauskommt.
  - Oberflächenwasser: Wasser aus Flüssen, Seen, Talsperren, Uferfiltrat (= Wasser das im Uferbereich versickert und sich dem Grundwasser zumischt), angereichertes Grundwasser (hier ist das Uferfiltrat dabei), von Menschenhand zugeführtes Oberflächenwasser und das echte Grundwasser.
- Das Wasser wird aus Brunnen oder Hochbehältern in unsere Häuser gepumpt. Dafür liegen viele große Rohre in der Erde. Abwasser wird wiederum zurückgepumpt, im Klärwerk gereinigt und der Wasserversorgung erneut zugeführt.
- Der Mensch besteht zu ca. 70 % aus Wasser (also ähnlich wie die Erde). Das zeigt, wie wichtig es ist, ausreichend Wasser zu trinken. Wie viel ausreichend ist, kann nicht eindeutig benannt werden. Es hängt vom Körper, von der Aktivität des jeweiligen Menschen, von den Außentemperaturen und dem Gesundheitszustand der Person ab. Grundsätzlich soll ein erwachsener Mensch ca. 1,5 l Wasser täglich zu sich nehmen.
- Außer dem Wasser, das wir als solches trinken, nehmen wir es auch über die Nahrung zu uns, vor allem über Obst und Gemüse.
- Leider spülen wir täglich viele Liter sauberes Trinkwasser in Toiletten, Spülbecken, Duschen und Badewannen sowie Wasch- und Spülmaschinen herunter. Außerdem reinigen wir zum Beispiel unsere Autos mit Trinkwasser.
- Um die Ressource Wasser zu schonen, ist es notwendig, den Verbrauch zu ändern und vor allem zu verringern. Daher ist es besonders wichtig, Kinder so früh wie möglich für das Thema zu sensibilisieren.

Der Kreislauf des Wassers
Schaubild

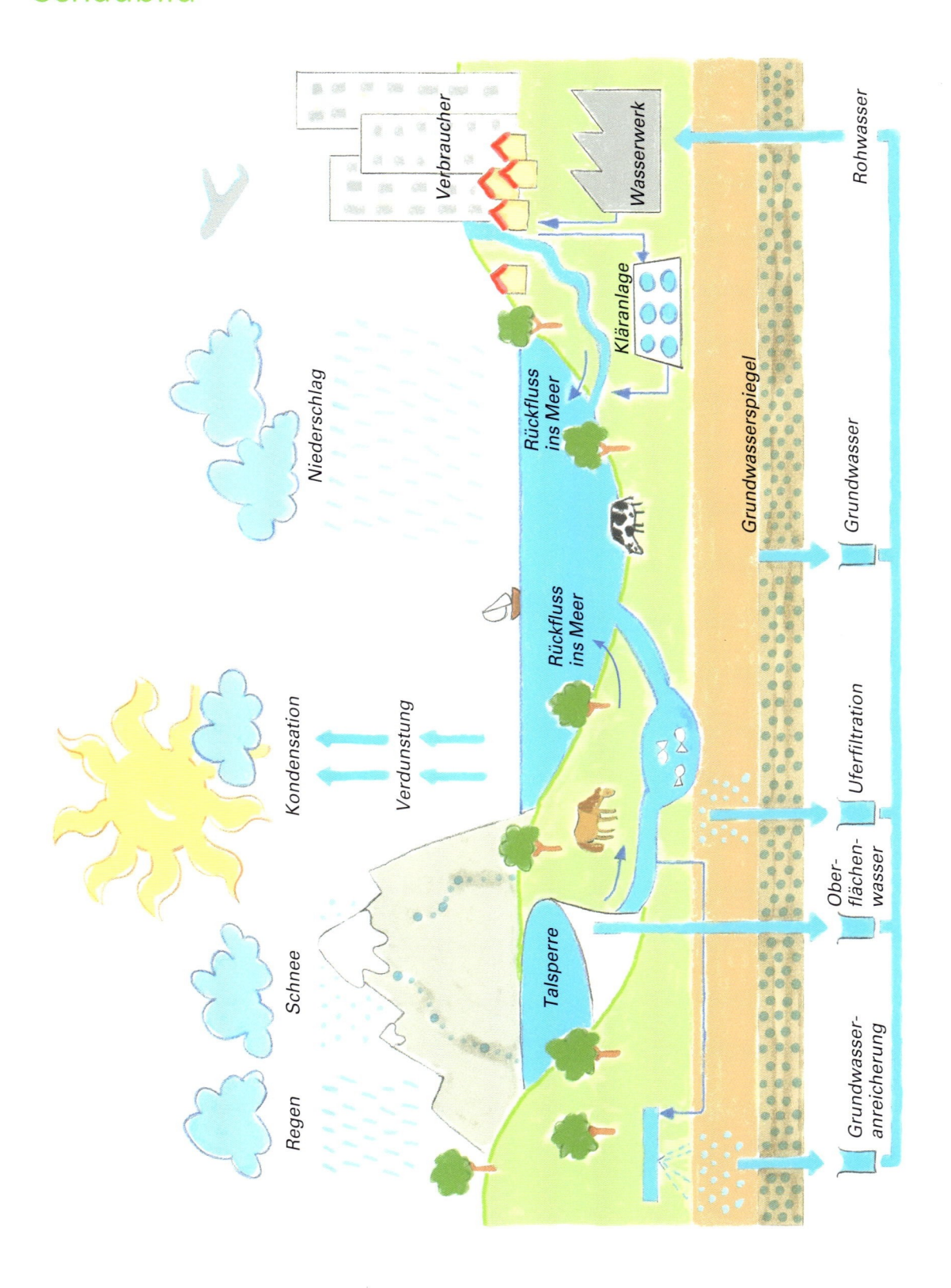

Kleine Wassermusik
Klanggeschichte

Drei Topfen klopfen auf ein Fenster: klopf, klopf!
Sie heißen Tripf und Trapf und Tropf.

„Hört ihr uns da drinnen klopfen?",
rufen sie, die drei kleinen Tropfen.

Die Kinder der Kita sind ganz leise,
belauschen die Tropfen auf ihrer Reise.

Sie rennen ans Fenster: tipptipp, tipptapp!
Die drei kleinen Tropfen rinnen hinab.

Noch mehr Tropfen kommen und klopfen,
die Kinder hören es regnen und tropfen.

„Eigentlich finden wir Regen sehr schön,
tschüss, ihr Tropfen, auf Wiederseh'n!"

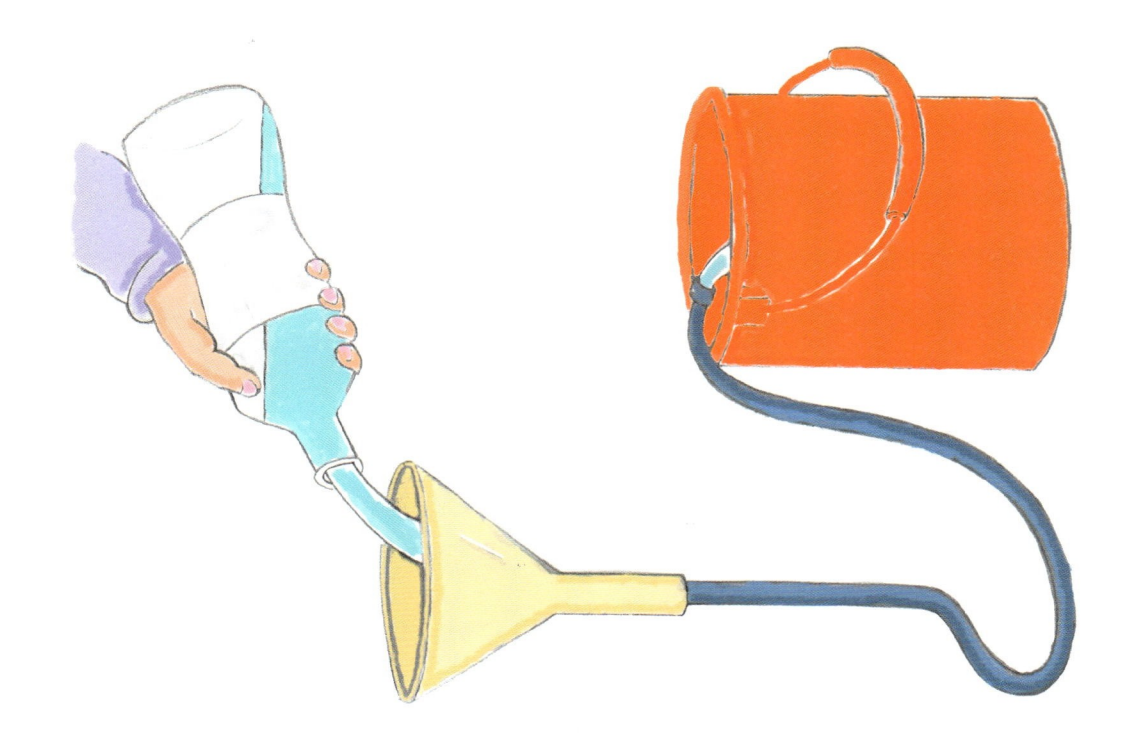

Verschiedene Wasserleitungen
Schaubilder

Schaubild 2

Schaubild 1

47

M4
Verschiedene Wasserleitungen
Schaubilder

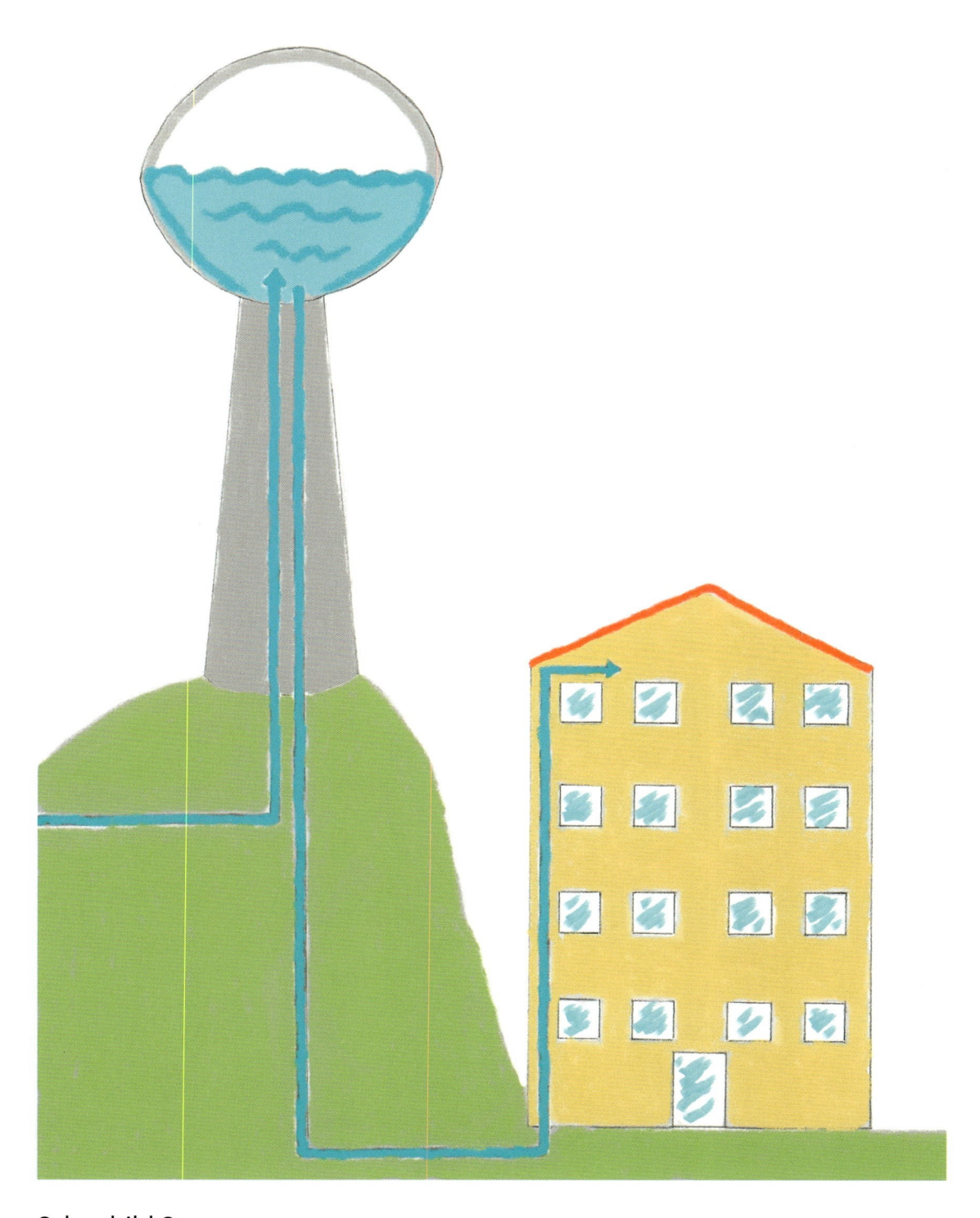

Schaubild 3

Der Regenbogenmacher
Geschichte aus dem Himmel

An einem warmen Sommermorgen hingen dicke graue Wolken am Himmel. Auf einer dieser Wolken saß der Regenbogenmacher und wartete darauf, dass endlich die ersten Tropfen aus den Wolken fielen. Er hatte alles genau ausgerechnet. Die Sonnenstrahlen blitzten von der anderen Seite herüber. Er schüttelte die Wolke und endlich ging es los. Erst fielen nur einige dicke Tropfen, doch bald wurden es immer mehr.

Längst hatte der Regenbogenmacher die Kinder unten auf der Erde entdeckt, die im Sandkasten spielten, und er freute sich schon, wie begeistert sie gleich sein würden, wenn sie den Regenbogen entdecken würden. Die Regentröpfchen tanzten hin und her und fielen ganz langsam Richtung Erde. Der Regenbogenmacher wusste, dass es endlich wieder einmal regnen musste, denn die Pflanzen hatten in den letzten Tagen zu wenig Wasser bekommen. Aber bevor er den heftigen Regen schickte, wollte er unbedingt noch den Regenbogen für die Kinder machen.

Die ersten Tropfen kamen unten an und der Regenbogenmacher sah, wie die Kinder schnell aus dem Sandkasten sprangen. Sie liefen hin und her, um ihre Spielsachen ins Trockene zu bringen. Der Regenbogenmacher winkte der Sonne zu, dass sie jetzt ihre kräftigsten Strahlen schicken sollte. Und die Sonne tat, was er wollte.

Kurz darauf sah der Regenbogenmacher, wie die Kinder unten stehen blieben und voller Freude zum Himmel blickten. Sie deuteten auf den bunten Bogen, der aussah, als würde er nie enden. Der Regenbogenmacher feuerte die Sonne an, damit sie weiter ihre starken Strahlen schickte.

Die Kinder klatschten und freuten sich und hüpften begeistert umher. Sie riefen noch mehr Kinder herbei und alle blickten hinauf und freuten sich.

Wenig später ließ die Kraft der Sonne nach. Die Wolken wurden immer dichter und die Sonnenstrahlen kamen nicht mehr durch. Langsam verblassten die Farben des Regenbogens. Doch die Freude in den Gesichtern der Kinder blieb.

Der Regenbogenmacher beobachtete sie, als sie schon längst im Zimmer saßen. Eines der Kinder hatte sich gleich ein Papier und Stifte geholt und malte – einen Regenbogen.

Zufrieden lehnte sich der Regenbogenmacher auf der Wolke zurück und beschloss, bald wieder einen bunten Regenbogen für die Kinder zu gestalten.

Drei kleine Boot-Ideen

Anleitungen

Boot falten

Material für 1 Boot
- 1 rechteckiges Blatt Papier
- Buntstifte zum Anmalen
- Schnur, damit das Boot nicht wegschwimmt (1,5 m lang)
- Klebeband

Und so geht's

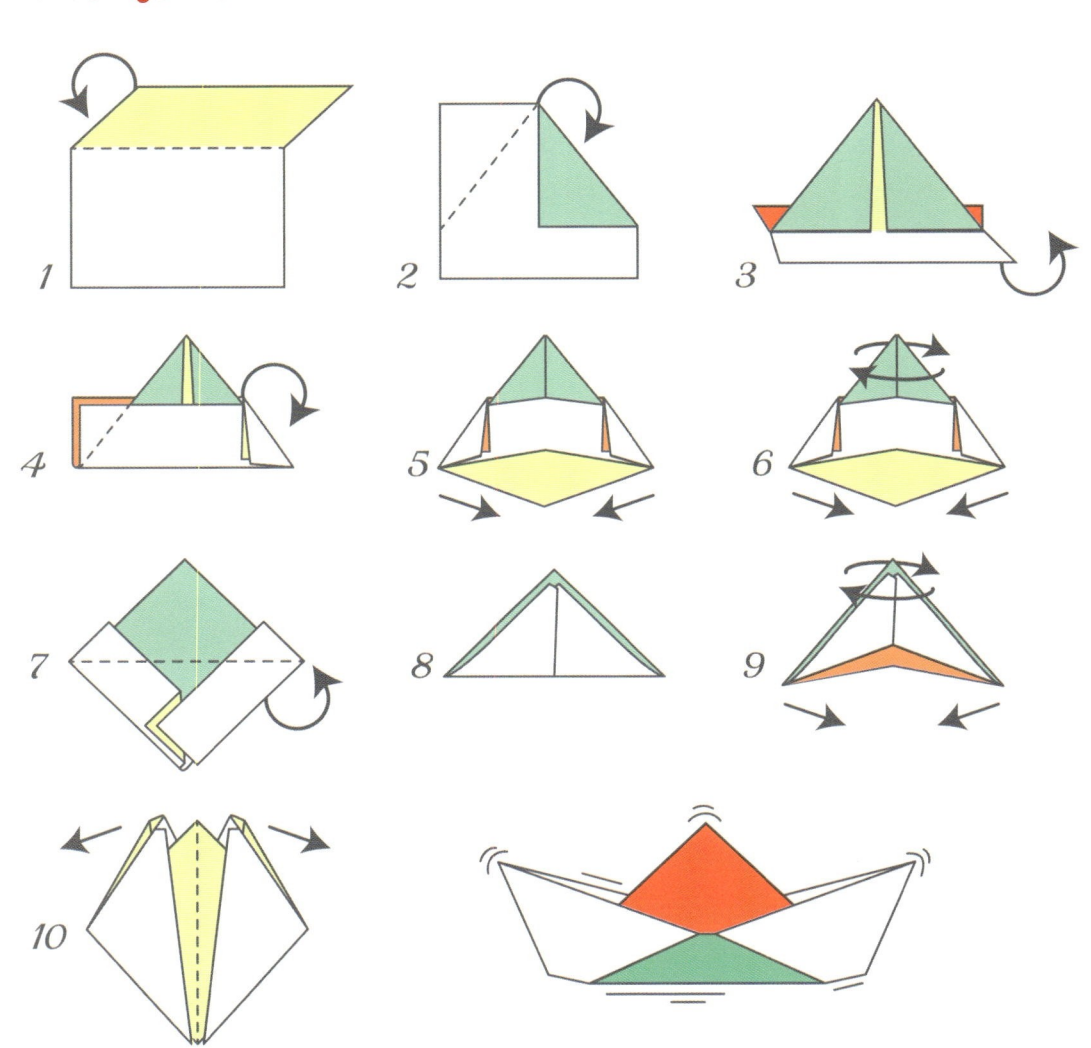

Drei kleine Boot-Ideen
Anleitungen

Boot kneten

Material für 1 Boot
- Knetmasse
- Nudelholz oder Flasche zum Ausrollen
- 1 kleines Stück Papier oder 1 Blatt von einem Baum
- 1 Zahnstocher
- Schere
- Schnur, damit das Boot nicht wegschwimmt (1,5 m lang)

Und so geht's

Die Kinder formen zunächst Kugeln, Würste oder Rechtecke und testen, was davon schwimmt. Sie formen Boote, so wie sie sich diese vorstellen, und probieren aus, ob sie schwimmen.

Damit das Boot aus Knete nicht untergeht, muss es eine recht große Fläche haben, also eher ein Floß sein als ein Kanu. Wenn man die Seiten leicht nach oben formt, dringt schlechter Wasser ein.

Tipp

Boote in der typischen Bootsform sind schwierig auszuarbeiten. Die Wände müssen sehr dünn ausgerollt oder ausgeknetet werden, damit sie leicht genug ist und die Hohlräume gut formbar sind.

Boote die gut schwimmen, können noch ein Segel bekommen. Dafür stecken die Kinder ein Blatt oder ein Stück Papier auf einen Zahnstocher und diesen in die Knete.

Damit das Boot nicht wegschwimmt, z. B. an einem Fluss, sollte es mit einer Schnur versehen werden. Dafür bringen die Kinder an einem Ende einen großen Knoten an und drücken diesen fest in die Knete hinein.

M6

Drei kleine Boot-Ideen
Anleitungen

Boot aus Korken

Material für 1 Boot
- 3 bis 4 Korken (möglichst gerade)
- 1 bis 3 Gummiringe
- 1 Zahnstocher
- 1 kleines Stück Papier oder 1 Blatt von einem Baum
- Schnur, damit das Boot nicht wegschwimmt (1,5 m lang)
- Schere

Und so geht's

Legen Sie jeweils zwei, drei oder vier Korken nebeneinander. Legen Sie einen oder mehrere Gummiringe um die Korken.

Für das Segel stechen Sie einen Zahnstocher zweimal durch das Blatt Papier oder das Laubblatt. Anschließend stecken Sie den Zahnstocher zwischen zwei Korken oder in einen Korken hinein.

Damit das Boot nicht wegschwimmt, knoten Sie eine Schnur an das Boot, z. B. an einen Gummiring.

Vom Regen ins Glas — Info für die Eltern — M 7

Info für die Eltern
Projekt „Vom Regen ins Glas"

Liebe Eltern,
wir haben uns in den letzten Tagen im Rahmen unseres Projekts **Vom Regen ins Glas** mit dem Element Wasser beschäftigt.

Die Kinder haben
- viele verschiedene wichtige **Informationen** über Wasser ausgetauscht
- ausprobiert wie **Wasser** in die **Häuser** kommt
- **Wassermusik** gemacht und **Regenbögen** erscheinen lassen
- verschiedene **Sorten** Wasser getrunken, um die **Unterschiede** zu schmecken
- **Aggregatzustände** von Wasser kennengelernt
- einen **Ausflug** an ein Gewässer gemacht und dort selbst gebastelte **Boote** schwimmen lassen

Unsere erreichten **Bildungsziele** sind:
- die **Natur achten** und **schützen**
- **Gewässer kennenlernen, beobachten** und als wichtiges **Ökosystem verstehen** und **respektieren**
- Wasser als **Nahrungsmittel** und wichtige **Ressource** kennenlernen und wertschätzen
- Wissen über Wasser als **physikalisches Element** mit vielen **Eigenschaften** erlangen

Herzliche Grüße
Ihr Kindergartenteam

M 8 *Portfolio*   Vom Regen ins Glas

Was habe ich gelernt?
Meine Dokumentation in Bildern

Name des Kindes _____

Datum _____ Unterschrift der Erzieherin _____

Ich habe Wasser erforscht!
In unserer Projektwoche „Vom Regen ins Glas" habe ich ganz viel über das Element Wasser erfahren. Hier kannst du mich während des Projekts sehen:

Es knistert und lodert

Das Element Feuer

Feuer ist im Gegensatz zu den drei anderen Elementen natürlich ein mit Hindernissen und Gefahren verbundenes Element. Schon winzige Feuer in Form von Funken und Flammen müssen Sie besonders gut im Auge behalten.
Feuer steckt in Raketen, Knallkörpern, Wunderkerzen, Kerzen, Zündhölzern, Feuerzeugen und Feuersteinen. Zum Feuer gehören aber auch die Sonnenwärme und die Wärme, die Heizungsanlagen, Herde, Öfen und Boiler erzeugen. Bei diesem Projekt ermöglichen Sie den Kindern erste Erfahrungen mit Feuer. Aber auch für die Sicherheit wird gesorgt: Die zweite Hälfte des Projekts widmet sich der Brandschutzerziehung.

Projektorganisation

Auf einen Blick

Alter	ab 4 Jahren
Zeit	1 Woche, täglich 1 bis 2 Stunden
Gruppe	maximal 10 Kinder
Ort	Gruppenraum, Garten
Vorbereitung	Material besorgen, Bücherkiste bereitstellen, Feuerwehr kontaktieren
Bildungsziele	✗ Wissen über den Nutzen und die Gefahren des Elementes Feuer vermitteln
	✗ sicheren Umgang mit Feuer üben
	✗ richtiges Verhalten im Brandfall trainieren

Projektplanung

Planen Sie für das Projekt circa ein bis zwei Stunden am Tag ein. Die ersten beiden Projekttage befassen sich mit dem Element Feuer im Allgemeinen, die weiteren drei Tage mit dem sicheren Umgang mit Feuer und dem richtigen Verhalten im Brandfall.

Besorgen Sie die Materialien schon vor Beginn des Projekts. Am Tag 2 werden Sie ein Experiment durchführen. Dafür brauchen Sie ein Feuerset (siehe M 3), das Sie im Internet bestellen können. Das Experiment sollten Sie zur besseren Vorbereitung und zur Sicherheit zuerst ohne die Kinder testen. Fragen Sie die Eltern, ob sie Ihnen eine Feuerschale ausleihen können.

Organisieren Sie Bücher zum Thema Feuer aus der Bücherei.

Nehmen Sie Kontakt zur nächsten Feuerwehr auf. Lassen Sie sich von den Feuerwehrleuten beraten, wie eine Brandschutzübung in Ihrer Einrichtung aussehen sollte. Oft haben die Experten außerdem Materialien zur Brandschutzerziehung für Kindergärten zum Verleihen und manchmal sogar kostenlose kleine Geschenke.

Portfolio-Tipp

Im Umgang mit Feuer muss man vorsichtig sein – das lernen die Kinder in dieser Woche! Doch ist Feuer auch sehr nützlich für den Menschen. Sei es zum Heizen, Kochen oder für ein gemütliches Lagerfeuer … In die Portfolio-Vorlage (M 9) können die Kinder malen, wofür man Feuer gut verwenden kann.

Projektorganisation

Wochenplan

Tag 1
Das Element Feuer Dauer: 1 Stunde
über Feuer sprechen, eine Klanggeschichte durchführen

Tag 2
Feuer machen wie in der Steinzeit Dauer: 1 Stunde
mit Feuersteinen ein Feuer anzünden, eine Mitmachgeschichte durchführen

Tag 3
Der richtige Umgang mit Feuer Dauer: 1 Stunde
die Gefahren von Feuer kennenlernen

Tag 4
Was tun, wenn es brennt? Dauer: 1 Stunde
den Anruf bei der Feuerwehr üben

Tag 5
Heute kommt die Feuerwehr! Dauer: 2 Stunden
einen Feueralarm üben, ggf. Besuch von der Feuerwehr

Material

M 1: Der kleine Feuerfunke
  Klanggeschicht • S. 63

M 2: Der kleine Feuerfunke
  Mitmachgedicht • S. 64

M 3: Feuer machen mit Feuersteinen
  Anleitung • S. 65

M 4: Was brennt?
  Kopiervorlage • S. 66

M 5: Wir rufen die Feuerwehr an
  Regeln • S. 67

M 6: Der Alarmplan
  Leitfaden • S. 68

M 7: Teilnehmerurkunde
  Kopiervorlage • S: 70

M 8: Info für die Eltern • S. 71

M 9: Portfolio • S. 72

3 Projektwoche

Es knistert und lodert

Tag 1 — Das Element Feuer

Mitgeliefertes Material
- Der kleine Feuerfunke – Klanggeschichte (M 1)

Zusätzliches Material
- Orff-Instrumente nach Wahl (z.B. Triangel, Holzblocktrommel, Schellenkranz, Klangstäbe, Handtrommel)

Durchführung

Schritt 1: Wir sprechen über Feuer

Diese Projektwoche widmet sich dem Element Feuer. Was fällt den Kindern zu Feuer ein? Beginnen Sie ein Gespräch im Kreis. Welche Begriffe fallen den Kindern dazu ein? Welche offenen Fragen bleiben? Was interessiert die Kinder? Anhand dieser Fragen können Sie gemeinsam eine Bücherkiste zum Thema Feuer bestücken.

Sie können mit den Kindern folgende Fragen besprechen:
- Wofür wird Feuer benötigt? (Feuer macht warm, mit Feuer kann man etwas verbrennen – zum Beispiel Laub – oder im Feuer etwas grillen)
- Wo habt ihr oder eure Eltern schon mal Feuer verwendet? (Grill, Geburtstagskuchen, Martinslaterne, Adventskranz, Christbaum, Silvesterraketen, Lagerfeuer)
- Wie macht man Feuer? (Streichhölzer, Feuerzeug)
- Habt ihr eine Idee, wie früher Feuer gemacht wurde? (mit Feuersteinen)

SCHLAGWÖRTER ZU FEUER

Heiß, wärmend, energiegeladen, wie ein Feuerball, glühend, rot, gelb, orange, leuchtend, flackernd, rauchig, knisternd, nötig zum Wärmen und Kochen …

Schritt 2: Tico, der kleine Feuerfunke

Zum Abschluss des Gesprächskreises gibt es eine feurige Klanggeschichte (M 1): Wie wird aus einem kleinen Funken bloß ein richtiges Feuer? Das fragt sich Tico, der kleine Funke, der das Feuermachen erst noch lernen muss. Die Kinder begleiten bei dieser Klanggeschichte Tico auf seinem Weg vom Funken zum Feuer. Unsere Klangideen sollen dabei nur als Inspiration dienen. Die Kinder haben sicherlich viele eigene Ideen, um die Geschichte mit Ton und Klang in Szene zu setzen. Dichten Sie die Geschichte auch gemeinsam um oder führen Sie sie weiter!

Bildungsbereiche
- ☐ Soziales Lernen und Religion
- ☐ Kreativität und Musik
- ☑ Mathematik und Naturwissenschaft
- ☑ Sprache und Kommunikation
- ☐ Körper und Bewegung

Es knistert und lodert

Projektwoche 3

Tag 2 — Feuer machen wie in der Steinzeit

Mitgeliefertes Material
- Der kleine Feuerfunke – Mitmachgedicht (M 2)
- Feuer machen mit Feuersteinen – Anleitung (M 3)

Zusätzliches Material
- Die in M 3 genannten Materialien
- Eimer mit Wasser

Vorbereitung

Besorgen Sie im Vorhinein die benötigten Materialien. Vielleicht können Eltern mit Feuerschale und Blasebalg aushelfen. Das Feuerset ist problemlos im Internet bestellbar. Stellen Sie die Materialien und Eimer mit Wasser (zum Löschen) im Kita-Garten bereit. Wer noch nie Feuer mit Feuersteinen gemacht hat, sollte das vorher einmal ausprobieren. Feuer mit Steinen machen kann anstrengend sein – eine helfende Hand schadet nicht.

Durchführung

Schritt 1: Feuersteine raus!

Erinnern sich die Kinder, wie man in der Steinzeit Feuer gemacht hat als es noch keine Feuerzeuge oder Streichhölzer gab? Das Feuermachen mit Feuersteinen probieren wir heute im Kindergarten aus: Wie in M 3 beschrieben machen Sie gemeinsam Feuer.

Tipp

Wenn das Feuer schon brennt, kann man es auch nutzen: Wenn die Kinder mögen, können sie Stockbrot oder Marshmallows über dem Feuer rösten
Ein Stockbrotteig ist schnell zubereitet:
Zutaten: 400 g Mehl, 1 Pck. Trockenhefe, 2 TL Salz, ½ TL Zucker, 3 EL Olivenöl, 230 ml lauwarmes Wasser
Erst die trockenen Zutaten vermischen, dann Wasser und Öl hinzugeben und kräftig kneten. Anschließend 30 Minuten ruhen lassen. Mit Pizzagewürz kann man den Teig noch verfeinern. Stöcke nicht vergessen!

Bildungsbereiche

- ☐ Soziales Lernen und Religion
- ☐ Kreativität und Musik
- ☒ Mathematik und Naturwissenschaft
- ☐ Sprache und Kommunikation
- ☐ Körper und Bewegung

Schritt 2: Tico kommt wieder zu Besuch

Erinnern sich die Kinder den kleinen Feuerfunken Tico? Heute hat er eine Mitmachgedicht dabei, die zum Abschluss des Projekttages gemeinsam durchgeführt werden kann.

3 Projektwoche

Es knistert und lodert

Tag 3 — Der richtige Umgang mit Feuer

Mitgeliefertes Material
- Was brennt? – Kopiervorlage (M 4)

Zusätzliches Material
- Buntstifte
- Großes Papier für ein Plakat

Vorbereitung
Kopieren Sie für jedes Kind die Vorlage (M 4) und legen Sie alle Materialien bereit.

Durchführung

Schritt 1: Warum ist Feuer gefährlich?
Heute sprechen Sie über die Gefahren, die von Feuer ausgehen können und wie man daher verantwortungsvoll damit umgeht. Hat ein Kind schon schlechte Erfahrungen mit Feuer gemacht? Sich vielleicht den Finger verbrannt? Können sich die Kinder vorstellen, wie schlimm es wäre, wenn ein Haus brennen würde?

Schritt 2: Was können wir tun?
Doch wie können gefährliche Situationen entstehen und wie können wir diese vermeiden? Fertigen Sie mit den Kindern ein Plakat an, auf dem der richtige Umgang mit Feuer festgehalten wird. Um den Kindern den Umgang mit Feuer noch bewusster zu machen, können Sie auf der Kopiervorlage (M 4) ausmalen, welche Gegenstände brennen und welche nicht. Die Kinder sollten wissen, dass …
- sie nur zusammen mit Erwachsenen Feuer anzünden dürfen,
- man Feuer nie unbeaufsichtigt lässt,
- man immer sicheren Abstand zum Feuer halten muss,
- man mit dem Feuer nicht spielt.

GUT ZU WISSEN
Bei einem Hausbrand ist nicht nur das Feuer selbst gefährlich, sondern vor allem auch der Rauch! Unter einer Rauchvergiftung versteht man das Einatmen gefährlicher Bestandteile, die sich bei einem Brand in die Luft mischen. Hauptsächlich besteht der Rauch aus Kohlenstoffmonoxid. Statistisch sterben mehr Menschen bei einem Brand an der Rauchvergiftung als an Verbrennungen. Deswegen herrscht auch Rauchmelderpflicht!

Bildungsbereiche
- ☑ Soziales Lernen und Religion
- ☐ Kreativität und Musik
- ☐ Mathematik und Naturwissenschaft
- ☑ Sprache und Kommunikation
- ☐ Körper und Bewegung

Es knistert und lodert

Projektwoche 3

Tag 4 — Was tun, wenn es brennt?

Mitgeliefertes Material
- Wir rufen die Feuerwehr an – Regeln (M 5)

Zusätzliches Material
- 2 alte Telefone oder Handys
- aktuelle Adressliste der Kinder

Vorbereitung
Zur Vorbereitung auf diesen Tag sollten die Kinder mit ihren Eltern ihre genaue Anschrift und Telefonnummer üben. Erinnern Sie die Eltern und die Kinder am besten am Tag vorher.

Durchführung

Schritt 1: Bei der Feuerwehr „anrufen"
Erklären Sie den Kindern, dass sie heute gemeinsam üben, wie man im Fall eines Brandes richtig Hilfe holt. Wenn es brennt, ruft man die Feuerwehr und versucht natürlich, sich in Sicherheit zu bringen. Heute werden Sie gemeinsam mit den Jungen und Mädchen das Telefongespräch mit der Feuerwehr üben.
Der erste Ansprechpartner ist natürlich immer ein Erwachsener in der Nähe. Den Kindern muss aber klar werden, wie wichtig es ist, dieses Telefongespräch mit der Feuerwehr zu üben. Denn, wenn die Erwachsenen durch das Feuer verletzt wurden, müssen sie Hilfe rufen können – und das kann Leben retten! Zwei Kinder dürfen das Gespräch ausprobieren. Gemeinsam erarbeiten Sie sich dann den richtigen Ablauf und worauf geachtet werden muss (M 5). Dann probieren alle Kinder das Rollenspiel aus.

Schritt 2: Vorbereitung auf Morgen
Künden Sie den Kindern schon einmal an, dass morgen, am letzten Projekttag ein Probealarm stattfinden wird. Wenn die Feuerwehr dafür vorbeikommt, dann besprechen Sie auch das. Beantworten Sie alle Fragen und nehmen Sie eventuell aufkommende Ängste. Sagen Sie auch den Eltern Bescheid, damit diese noch Fragen beantworten können.

GUT ZU WISSEN

Nehmen Sie den Kindern die Angst, alles perfekt machen zu müssen. Wenn Sie sich im Notfall nicht alle W-Fragen merken können, ist das nicht schlimm! Die Leitstelle erfragt die nötigen Informationen ohnehin. Hauptsache die Kinder wissen, wo sie anrufen müssen. Die Übung hilft, das Geschehen vertrauter zu machen. Deswegen wird auch zwingend mit der richtigen Adresse geübt und nicht einfach mit der Kita-Anschrift!

Bildungsbereiche

- ☒ Soziales Lernen und Religion
- ☐ Kreativität und Musik
- ☐ Mathematik und Naturwissenschaft
- ☒ Sprache und Kommunikation
- ☐ Körper und Bewegung

3 Projektwoche — Es knistert und lodert

Tag 5 — Heute kommt die Feuerwehr!

Mitgeliefertes Material
- Der Alarmplan – Leitfaden (M 6)
- Teilnehmerurkunde – Kopiervorlage (M 7)

Vorbereitung
Fragen Sie im Vorfeld die ortsansässige Feuerwehr, ob sie mit ihrer Einrichtung einen Feuerwehralarm durchführt. Sicher erhalten Sie von der Feuerwehr noch wichtige Tipps und Materialien zur Brandschutzerziehung. Außerdem ist das ein besonderes Erlebnis für die Kinder.
Sollte ein Besuch der Feuerwehr nicht klappen, können Sie den Probealarm wie hier beschrieben üben.
Füllen Sie für jedes Kind eine Teilnehmerurkunde für das Projekt aus.

Durchführung

Schritt 1: Wir üben den Feueralarm
Fragen Sie die Jungen und Mädchen im Stuhlkreis, was sie tun würden, falls es im Kindergarten brennen sollte. Wie man Hilfe ruft, haben sie schon geübt. Aber wie bringt man sich in Sicherheit? Die Kinder werden bestimmt sagen, dass man einfach ganz schnell rauslaufen soll. Erklären Sie ihnen, dass, wenn alle überstürzt hinauslaufen, einige sich eventuell schlimm verletzen könnten: Sie würden sich alle am Ausgang zusammendrängeln, sich zu Boden stoßen etc. Zum Ausgang sollen sie zwar zügig, aber ruhig gehen. Vorher aber sucht sich jeder einen Partner/eine Partnerin, den er/sie fest an der Hand hält und auf ihn/sie aufpasst, wenn sie rausgehen. Erklären Sie den Kindern anhand des Leitfadens (M 6) alle wichtigen Punkte und Sammelorte.
Sie lassen nun ein lautes Geräusch ertönen. Alle Kinder stellen sich zu zweit an der Tür an und Sie gehen gemeinsam über den vorgeschriebenen Notausgang und in der schon festgehaltenen Reihenfolge ins Freie. Die Kinder werden zum vorgesehenen Sammelpunkt geführt. Vergessen Sie nicht, im Gruppenbuch zu überprüfen, ob alle Kinder anwesend sind.
Sprechen Sie miteinander: Was hat schon gut geklappt, was wollen wir noch einmal üben? Sie können den Feueralarm so oft durchführen, bis sich die Kinder sicher fühlen und keine Fragen mehr haben. Auch sollte diese Übung regelmäßig wiederholt werden.

Schritt 2: Urkunden
Zum Abschluss des Projekts erhält jedes Kind eine Urkunde (M 7) über die erfolgreiche Teilnahme am Feuer-Projekt!

Bildungsbereiche
- ☒ Soziales Lernen und Religion
- ☐ Kreativität und Musik
- ☐ Mathematik und Naturwissenschaft
- ☐ Sprache und Kommunikation
- ☐ Körper und Bewegung

Der kleine Feuerfunke
Klanggeschichte

Es war einmal ein kleiner Feuerfunke mit Namen Tico.
Ganz leise den Triangel anschlagen.

Tico war ziemlich traurig.
Mehrmals langsam die Holzblocktrommel schlagen.

Er war der einzige Feuerfunke, der es noch nicht schaffte, eine Flamme zu werden. Er schaffte noch nicht mal eine winzige Flamme.
Leise am Triangel entlangstreichen.

Die anderen kleinen Feuerfunken lachten ihn aus.
Mit dem Schellenkranz rasseln.

Da wurde Tico immer trauriger und trauriger.
Erneut mehrmals die Holzblocktrommel langsam anschlagen.

Also halfen Mama und Papa dem kleinen Feuer funken, so tief Luft zu holen, dass er es schaffte, kleine Flammen zu machen. Tico übte und übte und schon bald schaffte auch der kleine Feuerfunke ein großes Feuer.
Die Klangstäbe schlagen.

Hurra!
Einen Trommelwirbel auf einer Handtrommel schlagen.

Der kleine Feuerfunke war überglücklich!
Alle Instrumente kurz gemeinsam spielen.

Der kleine Feuerfunke
Mitmachgedicht

Kleiner Tico, hol tief Luft,
puste, puste mit viel Wucht.
In der Hocke sitzen und pusten.

Ein kleiner Funke und ganz still,
der größer werden will?
Noch stärker pusten.

Hol noch einmal Luft, werd groß,
komm doch hoch, steh auf, los, los!
Aus der Hocke in den Stand kommen und die Arme ausbreiten.

Eine Flamme lodert schon,
bist ein guter Feuersohn!
Nur die Arme bewegen.

Tanz, beweg dich, stampf und jubel,
mach einen großen Feuertrubel.
Den ganzen Körper bewegen und dabei auf der Stelle bleiben.

Juhu, jetzt ist das Feuer da,
das machst du wirklich wunderbar!
Jubeln und in die Hände klatschen.

Feuer machen mit Feuersteinen
Anleitung

Material
- Feuerschale
- Feuerset mit Feuerstein, Metall und Zunder
- trockenes Holz (kleine Äste)
- Stroh oder Birkenrinde
- Blasebalg oder Luftpumpe

Und so geht's

Als Erstes stellen Sie die Äste in der Feuerschale auf. Reihen Sie diese so aneinander, dass es wie ein Tipi aussieht. Darunter legen Sie Stroh (oder Birkenrinde). Halten Sie nun den Feuerstein und das Metall in den Händen und reiben Sie sie so lange aneinander, bis Funken entstehen. Jetzt sorgen Sie dafür, dass der Funke auf den Zunder überspringt. Legen Sie nun den brennenden Zunder in die Feuerschale, damit er in Kontakt zum Stroh und zu den Ästen kommt. Die Kinder sorgen durch das Drücken des Blasebalges für Sauerstoffzufuhr, damit das Feuer nicht ausgeht.

M4

Was brennt?
Kopiervorlage

66

Wir rufen die Feuerwehr an
Regeln

1. Sobald ein Brand festgestellt wird, der nicht von einem Erwachsenen gelöscht werden kann, muss die Feuerwehr benachrichtigt werden.
2. Die Telefonnummer der Feuerwehr ist *112*.
3. Wir sprechen mit der Feuerwehr laut und deutlich. Wir merken uns die fünf wichtigen Fragen mit dem W, die wir beantworten müssen, da die Feuerwehr diese Informationen braucht:

Die fünf Ws

Wer ruft an?	„Hier ist Hannah Müller."
Wo brennt es?	„im Kindergarten *Bullerbü* am Waldweg 7, 12345 Waldstadt"
Was ist passiert?	„Eine brennende Kerze ist in den Papierkorb gefallen und er hat angefangen zu brennen. Die Vorhänge haben aber auch sofort Feuer gefangen und jetzt brennt es in einem Raum des Kindergartens."
Wie ist die Situation?	„Es ist niemand verletzt", „Es sind noch Menschen im Haus"
Warten auf Rückfragen und Anweisungen	Feuerwehr: „Versucht das Feuer nicht selbst zu löschen und geht sofort aus dem Rauch weg. Wir sind in 5 Minuten da."

M6

Der Alarmplan
Leitfaden

> **Auf einen Blick: Was muss im Brandfall beachtet werden?**
> 1. Feuerwehr alarmieren
> 2. Reihenfolge der Räumung einhalten
> 3. Paarbildung
> 4. Schuhe wechseln?
> 5. Vorläufiger Sammelplatz?
> 6. Endgültiger Zufluchtsort
> 7. Benachrichtigung der Eltern

🔥 Wann gibt es Alarm?

Wenn man sich nicht ganz sicher ist, dass man ein kleines, gerade entstehendes Feuer, etwa den brennenden Inhalt eines Papierkorbes, auch wirklich allein löschen kann, sollte man Alarm geben. Dadurch wird der Kindergarten so schnell wie möglich evakuiert, ehe Qualm und Rauchschwaden das Verlassen des Gebäudes be- oder sogar verhindern. Der Alarm muss durch eine vom Stromnetz unabhängige Sirene erfolgen. Diese muss so laut sein, dass sie auch dann gehört wird, wenn es in den einzelnen Gruppen nicht gerade leise zugeht.

> **Wichtig!**
> Im Alarmfall wird das Team mit einer Reihe von Problemen konfrontiert, die es vorab besprechen, klären und protokollarisch festlegen muss. Nach diesen Vorgaben werden die Kinder systematisch Stufe für Stufe mit dem Alarm und den Evakuierungsmaßnahmen vertraut gemacht.

🔥 Benachrichtigung der Feuerwehr

Parallel zu allen Rettungsmaßnahmen: Weiß die Feuerwehr überhaupt, dass der Kindergarten brennt? Es muss festgelegt werden, wer die Feuerwehr anrufen und die fünf Ws (siehe M 5) durchgeben soll.

🔥 Reihenfolge der Räumung

In welcher Reihenfolge sollen die Räume verlassen werden? Diese Reihenfolge ist unbedingt einzuhalten, um ein unkontrolliertes zeit- und nervenraubendes Gedränge zu verhindern. Über die Abfolge der Räumung kann man hier keine allgemeingültigen Hinweise geben. Vielleicht dies: Die Räume, die der Brandstätte am nächsten liegen und die oberen Stockwerke sollten zuerst verlassen werden. Hier sind Rettungsmaßnahmen von außen umständlicher und die Kinder dürften erhebliche Angst vor dem Abstieg auf einer

Drehleiter haben. Wichtig ist, dass jede Mitarbeiterin weiß, wann sie mit ihrer Gruppe „dran" ist.

Paarbildung
Die Kinder einer Gruppe müssen unbedingt zusammenbleiben. Eine Strategie: Zwei Kinder werden sobald wie möglich zu Paaren „zusammengeschweißt". Sie müssen sich fest an den Händen halten. Hat die Gruppe zwei Betreuerinnen, dann geht die eine voran und alle Kinder folgen. Die andere Betreuerin hat eine sehr verantwortliche Aufgabe: Sie muss genau darauf achten, dass auch wirklich alle Kinder den Raum verlassen haben!

Schuhe wechseln?
Selten bleibt im Schadensfall Zeit, dass sich die Kinder ihre Straßenschuhe anziehen können. Es wird gerade noch Zeit genug sein, um rasch die Mäntel zu nehmen. Die zweite Betreuerin verlässt als Letzte den Raum und sucht nach eventuell zurückgebliebenen Kindern. Sie sammelt auch sehr schnell die Straßenschuhe in einen Leinen- oder Jutesack – bitte keinen Plastiksack wegen der Erstickungsgefahr! –, der permanent im Gruppenraum liegen muss. So brauchen die Kinder später nicht zu lange mit ihren Hausschuhen in der Kälte oder im Regen zu stehen.

Vorläufiger Sammelplatz
Legen Sie einen vorläufigen Sammelplatz auf dem Kindergartengelände fest. Er soll möglichst weit von den Gebäuden entfernt sein und auch nicht nahe der Feuerwehrzufahrt liegen. Hier sammeln sich die Gruppen. Die Kinder werden noch einmal durchgezählt.

Endgültiger Zufluchtsort
Die Kinder müssen möglichst schnell zu einem sicheren überdachten und auch geheizten Ort geführt werden (eine benachbarte Schule, das Gemeindehaus, die Kirche, eine Gaststätte, der Vorraum eines Supermarktes etc.). Wenn Sie mit Ihrem Team die Konsequenzen bei einem Brandfall durchdenken, sollten Sie auch abstimmen, wohin man mit den Kindern ausweichen kann. Erst im Alarmfall herumzutelefonieren, wäre viel zu spät.

Benachrichtigung der Eltern
Ein Brand in der Nachbarschaft spricht sich schnell herum. Da machen sich die Eltern natürlich Sorgen um ihre Kinder. Deshalb müssen Sie die Eltern telefonisch darüber informieren, dass es den Kindern gut geht und wo sie abgeholt werden können. Das hört sich so leicht an. Aber: Die Anschriftenlisten der Kinder mit den Telefonnummern liegen im Büro der Leiterin oder im Fach der Gruppenleiterin. Daraus folgt: Jede Gruppenleiterin muss eine solche Liste bei sich tragen.

Teilnehmerurkunde
Kopiervorlage

URKUNDE

_____

hat mit Erfolg am Projekt „Es knistert und lodert" teilgenommen.
Jetzt weißt du viel über das Feuer.

Du weißt, wie nützlich es sein kann, kennst aber auch seine Gefahren.
Im Brandfall weißt du, wie du dich verhalten musst.
Du kannst die Feuerwehr anrufen und Hilfe holen.

Herzlichen Glückwunsch!

_____   _____
Datum, Kindergartenstempel   Unterschrift Erzieherin

Info für die Eltern
Projekt „Es knistert und lodert"

Liebe Eltern,
wir haben uns in den letzten Tagen im Rahmen unseres Projekts **Es knistert und lodert** mit dem Element Feuer und dem Thema Brandschutz beschäftigt.

Die Kinder haben
- das **Element Feuer kennengelernt**,
- **mit Feuersteinen Feuer gemacht**,
- **Gefahrensituationen besprochen** und **meiden gelernt**,
- eine **Feuerübung miterlebt**.

Unsere erreichten **Bildungsziele** sind:
- **Wissen** über den **Nutzen** und die **Gefahren des Elementes Feuer**
- sicherer **Umgang mit Feuer**
- **richtiges Verhalten im Brandfall**

Herzliche Grüße
Ihr Kindergartenteam

M9 Portfolio

Es knistert und lodert

Was habe ich gelernt?
Meine Dokumentation in Bildern

Name des Kindes _____

Datum _____ Unterschrift der Erzieherin _____

Jetzt weiß ich viel über das Element Feuer!

Ich habe am Projekt „Es knistert und lodert" teilgenommen und viel über das Feuer und seine Gefahren sowie das richtige Verhalten im Brandfall erfahren.

Hier male ich, wofür wir Menschen Feuer brauchen.

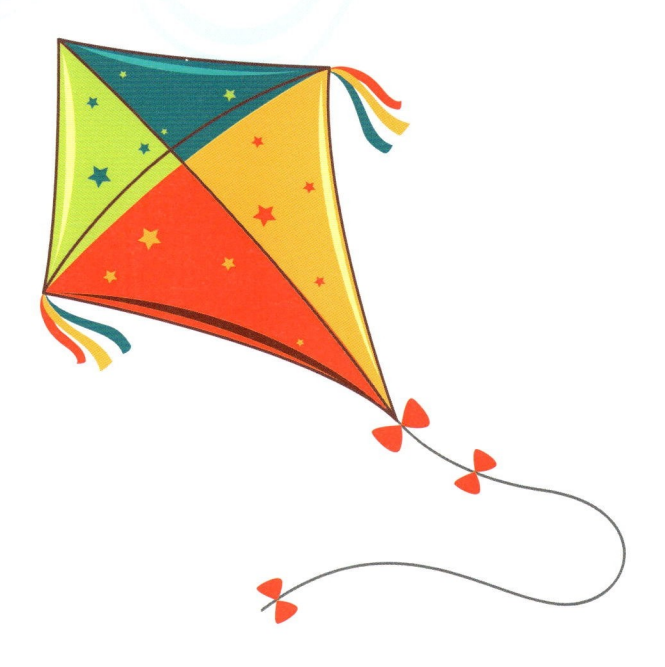

Nicht sichtbar und doch da

Das Element Luft

Die Sache mit der Luft ist schon recht kniffelig: Man kann sie nicht hören, nicht sehen, nicht schmecken – aber sie ist immer da! Überall um uns herum ist Luft: Die Erdkugel ist von einer riesigen Lufthülle umgeben. Menschen, Tiere und auch Pflanzen können ohne Luft nicht leben. In spannenden Experimenten erkunden die Kinder in dieser Woche das Element Luft und entdecken, was sonst verborgen bleibt.

Projektorganisation

Auf einen Blick

Alter	ab 4 Jahren
Zeit	1 Woche, täglich 1 bis 2 Stunden
Gruppe	maximal 10 Kinder
Ort	Gruppenraum
Vorbereitung	Materialien besorgen, Experimente vorbereiten, Eltern informieren
Bildungsziele	✘ erste Kenntnisse über das Element Luft erhalten
	✘ Eigenschaften der Luft durch Experimente und Spiele ergründen
	✘ Luft als Lebensvoraussetzung für Menschen, Tiere und Pflanzen erkennen
	✘ naturwissenschaftliche Kompetenzen entwickeln
	✘ sprachliche und kognitive Fähigkeiten fördern

Projektplanung

Planen Sie für dieses Projekt an jedem Tag der Woche etwa 1 bis 2 Stunden ein. Die Aktivitäten finden in der Kindertageseinrichtung und im Außengelände der Einrichtung statt.

Besorgen Sie rechtzeitig vor Projektbeginn die Materialien, die Sie für die Angebote und Experimente brauchen. Listen der benötigten Materialien finden Sie an den jeweiligen Projekttagen. Für den ersten und fünften Tag benötigen Sie einige aufblasbare Gegenstände (z. B. Luftmatratze und Schwimmflügel, siehe M 2) und Musikinstrumente (z. B. eine Blockflöte, Okarina u.a., siehe M 13). Informieren Sie vor dem Projekt die Eltern der Kinder über die geplanten Aktivitäten und bitten Sie gegebenenfalls darum, ihnen welche auszuleihen, falls Sie diese nicht in der Einrichtung haben.

Besorgen Sie aus der Bibliothek Bücher zum Thema „Luft" bzw. „Experimente mit Luft", damit Sie das Gelernte der Kinder durch weitere Informationen ergänzen und vertiefen können.

Portfolio-Tipp

In dieser Woche führen die Kinder viele spannende Experimente durch. In die Portfolio-Vorlage (M 15) können sie einzeichnen, was sie in dieser Woche am meisten fasziniert hat.

Projektorganisation

Wochenplan

Tag 1
In luftigen Höhen   Dauer: 1 Stunde
über das Element Luft sprechen, Luft spüren

Tag 2
Wer hat den längeren Atem?   Dauer: 2 Stunden
Wissenswertes über unsere Atmung erfahren, Experimente mit dem Atem durchführen

Tag 3
Luftballonwaage und Düsenjet   Dauer: 1 Stunde
die Kraft von Luft kennenlernen

Tag 4
Warm und kalt   Dauer: 1 Stunde
mit verschiedenen Lufttemperaturen experimentieren

Tag 5
Es liegt was in der Luft   Dauer: 2 Stunden
mit Schall und Gerüchen experimentieren

Material

M 1: Was ist Luft?
   Info ● S. 81

M 2: Ist Luft fühlbar?
   Spürangebote ● S. 82

M 3: Luft ist überall
   Experiment ● S. 83

M 4: Was passiert beim Atmen?
   Info ● S. 84

M 5: Wir atmen alle Luft
   Experimente ● S. 85

M 6: Woher kommt der Sauerstoff?
   Experiment ● S. 86

M 7: Dicke Luft!
   Experimente ● S. 87

M 8: Luft hat Kraft
   Experimente ● S. 88

M 9: Luft leistet Widerstand
   Experiment ● S. 89

M 10: Luft ist mal warm und mal kalt
   Experimente ● S. 90

M 11: Was kann die Luft übertragen?
   Info ● S. 91

M 12: Ohne Luft kein Duft
   Experimente ● S. 92

M 13: Musik liegt in der Luft
   Experimente ● S. 93

M 14: Info für die Eltern ● S. 94

M 15: Portfolio ● S. 95

4 Projektwoche

Nicht sichtbar und doch da

Tag 1 — In luftigen Höhen

Mitgeliefertes Material
- Was ist Luft? – Info (M 1)
- Ist Luft fühlbar? – Spürangebote (M 2)
- Luft ist überall – Experiment (M 3)

Zusätzliches Material
- die in M 2 und M 3 genannten Materialien

Vorbereitung
Besorgen Sie die für die Experimente (M 2 und M 3) benötigten Materialien und legen Sie alles bereit. Ein Probedurchlauf durch die Experimente kann nie schaden. Im Infotext (M 1) finden Sie viel Wissenswertes über das Element Luft. Falls Sie die aufblasbaren Gegenstände für M 3 nicht in der Einrichtung haben, bitten Sie die Eltern, Ihnen gegebenenfalls welche auszuleihen.

Durchführung

Schritt 1: Wir sprechen über die Luft
In dieser Woche steht die Luft im Fokus. Was verbinden die Kinder mit der Luft? Wissen sie, was das ist? Und wozu wir Luft brauchen? Welche Begriffe fallen den Kindern zu Luft ein?
Ergänzen Sie durch die Infos aus dem Wissenstext (M 1).
Kündigen Sie dann an, dass Sie die nächsten Tage mehr über die Luft und ihre Eigenschaften erfahren wollen und dass Sie sich sogleich gemeinsam auf die Suche nach Luft begeben. Im Mittelpunkt steht dabei die Frage: Wie können wir Luft spüren, d. h. wie merken wir, dass Luft da ist?

Schritt 2: Wie können wir Luft spüren?
Leiten Sie zum ersten Teil der Experimente über: Luft sehen, Luft fühlen, Luft hören (M 2). Im zweiten Teil der Experimente sollen die Kinder erfahren, dass Luft überall ist und wir ihre Gegenwart leicht nachweisen können, weil sie bestimmte Eigenschaften hat. Hierzu führen Sie das Experiment von M 3 durch.
Lassen Sie die Kinder immer erst spekulieren und staunen, bevor Sie das Erlebte erörtern – spielerisch erlangen die Kinder so Kenntnisse über das Element Luft und ergründen naturwissenschaftliche Phänomene. Lassen Sie den Projekttag ausklingen, indem Sie die Experimente und die gewonnenen Erkenntnisse noch einmal gemeinsam reflektieren.

Bildungsbereiche
- ☐ Soziales Lernen und Religion
- ☐ Kreativität und Musik
- ☑ Mathematik und Naturwissenschaft
- ☑ Sprache und Kommunikation
- ☑ Körper und Bewegung

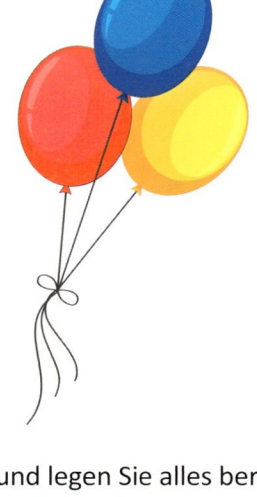

Nicht sichtbar und doch da

Projektwoche 4

Tag 2 — Wer hat den längeren Atem?

Mitgeliefertes Material
- Was passiert beim Atmen? – Info (M 4)
- Wir atmen alle Luft – Experimente (M 5)
- Woher kommt der Sauerstoff? – Experiment (M 6)

Zusätzliches Material
- die in M 5 und M 6 genannten Materialien

Vorbereitung
Besorgen Sie die Materialien für die Experimente am heutigen Tag (M 5 und M 6) und legen Sie alles bereit. Der Infotext (M 4) hält Wissenswertes über unsere Atmung bereit.

Durchführung

Schritt 1: Warum atmen wir?
Heute dreht sich alles um das Thema „Atmen". Sicherlich wissen die Kinder, dass wir atmen müssen, um zu leben. Jedoch ist ihnen nicht bewusst, wie häufig wir atmen, weil es ganz von allein geschieht, und wie viel Luft dabei in unseren Körper hinein- und aus unserem Körper hinausgelangt. Das sollen sie heute erfahren.
Beginnen Sie mit einer Frage im heutigen Sitzkreis wie beispielsweise: „Was ist Atem?" oder „Warum atmen wir?" Fahren Sie mit weiteren Fragen fort, z. B.: „Was atmen wir denn eigentlich?" oder „Wozu brauchen wir die Luft, die wir atmen?" Tragen Sie gemeinsam das Vorwissen der Kinder zusammen und ergänzen Sie mithilfe der Erörterungen aus dem Text (M 4).

Schritt 2: Experimente mit unserem Atem
Das Atmen wollen wir im Anschluss mit Experimenten erkunden (M 5). Nachdem Sie mit den Angeboten aus M 5 fertig sind und sich die Kinder so intensiv mit dem Atmen befasst haben, bleibt noch zu klären, woher der Sauerstoff, den wir atmen, denn eigentlich kommt. Und was passiert, wenn wir ihn verbraucht haben? Er muss ja ersetzt werden, weil sonst irgendwann keiner mehr da ist. Hierzu betrachten die Kinder die Wasserpest, die exemplarisch für die grünen Pflanzen steht (M 6).

Bildungsbereiche
- ☐ Soziales Lernen und Religion
- ☑ Kreativität und Musik
- ☑ Mathematik und Naturwissenschaft
- ☑ Sprache und Kommunikation
- ☑ Körper und Bewegung

4 Projektwoche

Nicht sichtbar und doch da

Tag 3 — Luftballonwaage und Düsenjet

Mitgeliefertes Material
- Dicke Luft! – Experimente (M 7)
- Luft hat Kraft – Experimente (M 8)
- Luft leistet Widerstand – Experimente (M 9)

Zusätzliches Material
- die in M 7, M 8 und M 9 genannten Materialien

Vorbereitung

Besorgen Sie die Materialien für die Experimente am heutigen Tag (M 7, M 8 und M 9) und legen Sie alles bereit.

Durchführung

Heute geht es darum, das Eigengewicht der Luft sowie die daraus resultierenden Eigenschaften zu erkunden. Wenn wir Dinge in die Hand nehmen, merken wir, ob sie leicht oder schwer sind, bei Luft geht das nicht, denn wir können sie nicht in die Hand nehmen. Oder?

Lassen Sie die Kinder spekulieren. Lösen Sie dann die Frage mittels der Experimente auf und demonstrieren Sie auch dabei, wie das Gewicht der Luft wirkt (M 7).

Mit den weiteren Experimenten wird außerdem veranschaulicht, dass Luft Dinge antreibt, aber auch bremst (M 8 bis M 9).

GUT ZU WISSEN

Die Atmosphäre besteht aus winzigen, unsichtbaren Luftmolekülen. Aufgrund der Schwerkraft drücken sie ständig auf uns herunter. Mit anderen Worten: Alles, was eine Masse hat, wird von der Erde angezogen und hat ein Gewicht – so auch die Luft.

Inzwischen haben Wissenschaftler das Gewicht der Luft ganz genau errechnet: 1 Liter Luft wiegt 1,3 Gramm, 1 Kubikmeter Luft schon 1,3 Kilogramm. Wir spüren davon jedoch wenig, weil unser Organismus einen entsprechenden Gegendruck entwickelt.

Bildungsbereiche

- ☐ Soziales Lernen und Religion
- ☒ Kreativität und Musik
- ☒ Mathematik und Naturwissenschaft
- ☒ Sprache und Kommunikation
- ☐ Körper und Bewegung

Nicht sichtbar und doch da Projektwoche 4

Tag 4 — Warm und kalt

Mitgeliefertes Material
- Luft ist mal warm und mal kalt – Experimente (M 10)

Zusätzliches Material
- die in M 10 genannten Materialien

Vorbereitung
Besorgen Sie die Materialien für die Experimente am heutigen Tag (M 10) und legen Sie alles bereit.

Durchführung

Schritt 1: Wir reden über die Lufttemperatur
Heute geht es darum, die Eigenschaften von Luft bei unterschiedlichen Temperaturen zu erkunden. Wenn wir etwas anfassen spüren wir, ob ein Gegenstand warm oder kalt ist. Doch wie können wir das bei Luft herausfinden, wenn wir sie nicht anfassen können? Die Kinder kommen sicherlich darauf, dass sich die Temperatur der Luft mit dem Thermometer ermitteln lässt und dass Luft im Sommer warm und im Winter kalt ist. Luft kann unterschiedliche Temperaturen haben – und hat dann auch verschiedene Eigenschaften. Diese werden die Kinder durch die Experimente an diesem Tag kennenlernen.

GUT ZU WISSEN
Die kleinen Teilchen, aus denen Luft besteht (Moleküle), bewegen sich durch den Raum. Wenn sich Luft erwärmt, werden die kleinen Teilchen schneller und entfernen sich voneinander: Die Luft dehnt sich aus, d. h., ihr Volumen vergrößert sich und braucht mehr Platz. Luft, die sich erwärmt, steigt nach oben. Wenn sich Luft abkühlt, werden die kleinen Teilchen langsamer und nähern sich einander an: Die Luft zieht sich zusammen, d. h., ihr Volumen verringert sich und braucht weniger Platz. Luft, die abkühlt, fällt nach unten.

Schritt 2: Flaschengeister unterwegs
Nun steigen Sie in die Experimente (M 10) ein. Mit den Experimenten wird demonstriert, was geschieht, wenn Luft sich erwärmt (sie dehnt sich aus und braucht deshalb mehr Platz; sie steigt auf) und wenn sie sich abkühlt (sie zieht sich zusammen und braucht deshalb weniger Platz).

Bildungsbereiche
- ☐ Soziales Lernen und Religion
- ☑ Kreativität und Musik
- ☑ Mathematik und Naturwissenschaft
- ☑ Sprache und Kommunikation
- ☐ Körper und Bewegung

4 Projektwoche

Nicht sichtbar und doch da

Tag 5 — Es liegt was in der Luft

Mitgeliefertes Material
- Was kann die Luft übertragen? – Info (M 11)
- Ohne Luft kein Duft – Experimente (M 12)
- Musik liegt in der Luft – Experimente (M 13)

Zusätzliches Material
- die in M 11, M 12 und M 13 genannten Materialien

Vorbereitung
Besorgen Sie die Materialien für die Experimente am heutigen Tag (M 12 und M 13) und legen Sie alles bereit. Der Infotext (M 11) hält Wissenswertes über Geräusche und Gerüche bereit.

Durchführung

Schritt 1: Wann können wir riechen?
Heute geht es darum, die Bedeutung der Luft als übertragendes Medium für Gerüche und Geräusche zu verstehen. Haben sich die Kinder schon einmal Gedanken darüber gemacht, wann man etwas riechen kann? Lassen Sie die Kinder ihre Ideen und Vermutungen äußern und ergänzen Sie mithilfe des Infotextes M 11. Hierauf folgen die Experimente aus M 12, durch die für die Kinder deutlich wird, wann und warum wir etwas riechen können.

Schritt 2: Wann können wir hören?
Luft überträgt aber nicht nur Gerüche, sondern auch Geräusche – in Form von Schallwellen. Ohne Luft hören wir also nichts. Erklären Sie, mithilfe der Erörterungen aus dem Info-Text (M 11), wie Luft Geräusche macht. Hierauf folgen die Experimente aus M 13.

Schritt 3: Abschluss des Projekts
Lassen Sie den letzten Projekttag ausklingen, indem Sie die Experimente und die gewonnenen Erkenntnisse aus dem Projekt noch einmal gemeinsam reflektieren. Lassen Sie die Kinder erzählen, was ihnen in dieser Projektwoche am meisten gefallen oder beeindruckt hat. Falls sich die Kinder das wünschen, können Sie ein bis zwei Experimente, die den Mädchen und Jungen besonders gut gefallen haben, wiederholen. Oder veranstalten Sie ein Flaschenkonzert, wie in M 13 angegeben wird.

Bildungsbereiche
- ☐ Soziales Lernen und Religion
- ☐ Kreativität und Musik
- ☑ Mathematik und Naturwissenschaft
- ☑ Sprache und Kommunikation
- ☑ Körper und Bewegung

Was ist Luft?
Info

Was ist Luft?
Luft besteht aus verschiedenen Gasen, unter denen Stickstoff, Sauerstoff und Kohlendioxid den Hauptteil darstellen. Luft enthält auch Wasser (Wasserdampf) und kleine Salz-, Schmutz- und Staubteilchen.
Luft hüllt die Erde wie ein schützender Mantel ein. Diese Lufthülle, die die Erde umgibt, nennt man Atmosphäre.
Im Weltall gibt es keine Luft, deswegen müssen Astronauten den Sauerstoff zum Atmen in großen Tanks mitnehmen. Verglichen mit der Größe der Erde ist die Atmosphäre etwa so dick wie die Schale von einem Pfirsich. Die Luftmenge in der Atmosphäre ist unterschiedlich. Je höher man kommt, desto weniger Luft gibt es – man sagt die Luft wird dünner. Je weniger Luft da ist, desto weniger Sauerstoff hat man zum Atmen.

Weshalb brauchen wir Luft?
Alle Lebewesen auf der Erde brauchen Sauerstoff, auch wir Menschen. Ohne ihn würden wir sterben. Wir atmen Luft durch Mund oder Nase ein. Sie strömt über den Rachenraum in die Luftröhre, immer tiefer hinunter, über die Bronchien in die Lunge. Der Sauerstoff, der in der Luft enthalten ist, wird in der Lunge an das Blut weitergegeben. Mit dem Blut gelangt der Sauerstoff dann in alle Körperteile. Sinn der Atmung ist es, den Körper mit Sauerstoff zu versorgen. In den Zellen verbinden sich der Sauerstoff und die Nährstoffe, die wir mit der Nahrung aufnehmen. Zusammen erzeugen sie die Energie, die wir zum Leben brauchen.
Auf demselben Weg geht es für die Luft wieder zurück. Sie verlässt unseren Körper, wenn wir den Sauerstoff verbraucht haben. Die Luft, die wir ausatmen, enthält dann Kohlendioxid und Wasserdampf.

Wie sieht Luft aus?
Die Luft selbst ist unsichtbar, weil sie durchsichtig ist. Bei wolkenlosem Himmel können wir durch die Luft in den Weltraum sehen. Wir sehen am Tage die Sonne und in der Nacht den Mond und die Sterne. Es gibt Situationen, in denen Luft sichtbar wird: wenn es z. B. draußen sehr kalt ist, können wir unseren warmen Atem sehen und den Rauch aus den Kaminen.

Wie hört sich die Luft an?
Die Luft überträgt Töne und Klänge. Alle Geräusche gelangen durch die Luft an unser Ohr. Ohne Luft können wir nichts hören. Wir können beispielsweise den Wind hören, wenn er die Blätter im Baum rascheln lässt. Und wenn ein starker Sturm über die Erde fegt, hören wir ihn heulen. Wir hören etwas, wenn Luftteilchen angestoßen werden.

Wie fühlt sich die Luft an?
Luft können wir nur spüren, wenn sie in Bewegung ist. Der Wind trägt die Luft an uns vorbei und wir spüren die Luft an der Haut. Genauso können wir die Luft spüren, wenn wir uns schnell durch sie hindurchbewegen, wie beispielsweise beim Radfahren.

Wie riecht die Luft?
In der Luft schweben kleine Teilchen, die für uns unsichtbar sind. Manche Teilchen duften und so können wir riechen, was in der Luft ist – beispielsweise der Geruch von Blumen, gekochtem Essen, Parfüm etc. Ohne Luft können wir nichts riechen.

M2

Ist Luft fühlbar?
Spürangebote

Wir sehen die Luft
Material: Luftballon

Und so geht's:
Mit diesem Trick kann man Luft ganz einfach sichtbar machen: Man pustet einen Ballon auf. Der Luftballon enthält Luft, die wir hineinblasen. Je mehr Luft im Ballon ist, desto größer wird er. Daran wird deutlich, dass Luft auch Raum einnimmt.

Wir fühlen die Luft
Material: Papier (DIN A 4), Klebeband

Und so geht's:
Die Kinder falten das Papier in Zickzackfalten zu einem Streifen zusammen und kleben diese an einem Ende vom Streifen mit Klebeband straff zusammen, sodass sie ihn dort gut festhalten können. Öffnen sie nun die Zickzackfalten, haben sie einen Fächer. Die Kinder wedeln sich mit dem Fächer Luft zu. Das Wedeln mit dem Fächer setzt die Luft in Bewegung und ist als Luftzug zu fühlen.

Wir hören die Luft
Material: Blasebalg oder Luftpumpe, Wasserspielzeug (Luftmatratze, Schwimmflügel, Schwimmring, Wasserball)

Und so geht's:
Erörtern Sie gemeinsam, wozu man Blasebalg und Luftpumpe nutzt. Füllen Sie dann die Gegenstände mit Luft. Lassen Sie hiernach die Luft wieder aus diesen heraus. Die Luft entweicht geräuschvoll und ist als Schnauben und Pfeifen zu hören.

Tipp
Sie können die Experimente auch ausschließlich mit einem Luftballon durchführen. Das heißt, wenn der Luftballon mit Luft gefüllt ist, ist diese zu sehen. Dann können Sie die Luft geräuschvoll aus dem Luftballon entweichen lassen (hierzu das Mundstück auseinanderziehen) und die Kinder die herausströmende Luft auf der Haut fühlen lassen.

Luft ist überall
Experiment

Das scheinbar leere Glas
Material: 1 längliches Trinkglas, durchsichtige Schüssel mit Wasser

Und so geht's:
Das Glas ist leer. Wenn Sie nun die Kinder fragen, was darin ist, werden sie bestimmt sagen: „Nichts." Fassen Sie in das Glas, scheint wirklich nichts darin zu sein, das Glas fühlt sich leer an. In einem „leeren" Glas ist allerdings Luft enthalten. Was passiert nun, wenn Sie in das Glas Wasser füllen? Sie kehren das Glas um, sodass seine Öffnung nach unten weist, und drücken es senkrecht in die Schüssel mit dem Wasser. Es darf nicht schräg gekippt werden! Die Kinder erkennen, dass nur unten im Bereich der Öffnung etwas Wasser in das Glas eingedrungen ist.

Erklärung:
Im Glas befindet sich Luft – das Wasser kann nicht einfach in es hinein. Kippt man nun das Glas unter Wasser langsam zur Seite, kann man sehen, dass mit glucksendem Laut eine große Blase an die Wasseroberfläche steigt. Jetzt ist mehr Platz für das Wasser im Glas. Jedes Mal, wenn man das Glas etwas kippt und etwas Luft aus ihm herausgelangt, kann wieder etwas mehr Wasser hinein.

Tipp
Um den Kindern zu zeigen, dass sich wirklich nur Luft im Glas befindet, stopfen Sie vorher ein zusammengeknäueltes Papiertaschentuch ins Glas und drücken es senkrecht unter Wasser. Ziehen Sie das Glas wieder senkrecht aus dem Wasser heraus, ohne die Luft entweichen zu lassen – das Papiertaschentuch übersteht diesen Badegang ohne Probleme. Dank der Luft kann kein Wasser ins Glas eindringen.

Was passiert beim Atmen?
Info

Für die Kinder:
Im Brustkorb befindet sich die Lunge. Dorthin strömt die Luft, wenn wir einatmen. Der Brustkorb dehnt sich beim Einatmen aus und macht dabei Platz für die frische Luft von außen, die durch Nase und Mund eingesaugt wird. Beim Ausatmen senkt sich der Brustkorb und presst die verbrauchte Luft, die sich im Körper befindet, raus.
Die Luft, die wir einatmen, enthält Sauerstoff. Der Sauerstoff ist für uns lebenswichtig. In der Lunge wird der Sauerstoff aus der Luft, die wir einatmen, herausgefiltert.

Für die Erzieherin:
Beim Einatmen bewegt sich das Zwerchfell nach unten und die Muskeln, die sich zwischen den Rippen befinden, heben den Brustkorb. So entsteht ein Sog, der die Luft durch die Luftröhre in die Bronchien einsaugt – bis zu den Lungenbläschen, die ihn aufnehmen und in die Blutkapillaren abgeben. Beim Ausatmen senkt sich der Brustkorb, das Zwerchfell bewegt sich nach oben und die restliche Luft wird aus der Lunge herausgepresst. Die alte, verbrauchte Luft, die Kohlendioxid enthält, verlässt unseren Körper. Das Ein- und Ausatmen erfolgt von selbst, ohne dass wir daran denken müssen. Es ist ein Reflex, der durch das Gehirn gesteuert wird und den wir nur bedingt beeinflussen können. Der Sauerstoff, den unser Körper beim Atmen aus der Luft nimmt, muss ersetzt werden. Hierbei sind wir auf die grünen Pflanzen angewiesen, die mit ihren Blättern im Sonnenlicht ihre Nahrung erzeugen, wobei dann auch der Sauerstoff entsteht. Und weil sie wesentlich mehr Sauerstoff erzeugen, als sie selbst verbrauchen, gelangt der in die Atmosphäre.

Unser Atemsystem

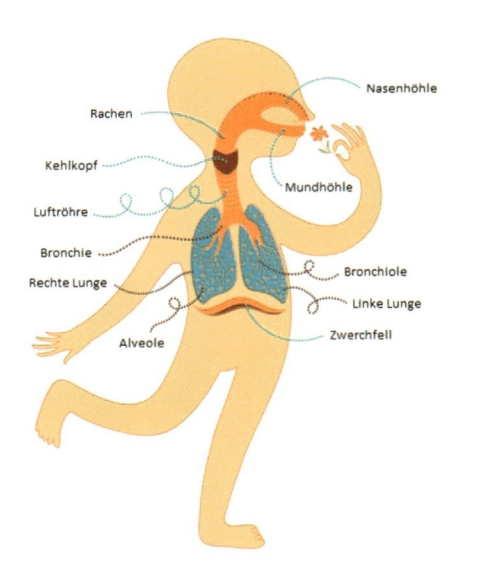

(Nasenhöhle, Rachen, Kehlkopf, Mundhöhle, Luftröhre, Bronchie, Bronchiole, Rechte Lunge, Linke Lunge, Alveole, Zwerchfell)

Wir atmen alle Luft
Experimente

Wir spüren unseren Atem
Die Kinder atmen in ihre offene Handfläche aus und ein – so spüren sie, wie die Luft eingesogen und wieder herausgepresst wird.

Wir atmen ganz von selbst
Die Kinder sollen einmal den Atem anhalten und zwar so lange wie möglich. Sie sollen so spüren, dass der Atem ganz von allein wieder einsetzt.

Wie oft atmen wir?
Material: Stoppuhr

Und so geht's:
Ein Kind atmet eine Minute lang (Stoppuhr) normal ein und aus und die anderen zählen die Atemzüge. Danach macht das Kind 20 Kniebeugen oder Strecksprünge. Anschließend atmet es wieder eine Minute lang ein und aus und die anderen Kinder zählen die Atemzüge.
Was ist passiert? Die Kinder können sehen, dass wir mehr atmen müssen, wenn wir uns bewegen: Unser Luft- bzw. Sauerstoffbedarf steigt.

Wie viel atmen wir?
Material: Maßband

Und so geht's:
Wie viel Platz braucht die Luft, die beim Atmen in die Lunge kommt? Eines der Kinder wird in die Kreismitte gebeten. Es soll die Arme zur Seite ausstrecken und einige Male ruhig ein- und ausatmen. Dann soll es ausatmen und kurz die Luft anhalten, damit Sie den Brustumfang messen können. Hiernach soll es tief einatmen und wiederum die Luft anhalten, damit Sie erneut den Brustumfang messen können. So ermitteln Sie, um wie viel er durch die Luft, die sich nun in der Lunge befindet, zugenommen hat. Die Kinder sind der Reihe nach dran.

M6

Woher kommt der Sauerstoff?
Experiment

Die Pflanze blubbert

Material: 1 hohes Glasgefäß mit Wasser, 1 Zweig Wasserpest, Strohhalm

Und so geht's:
Füllen Sie das Glasgefäß mit Wasser und setzen Sie die Pflanze hinein. Mit dem Strohhalm pusten Sie etwas Atemluft in das Wasser (Sie können auch etwas Mineralwasser mit Kohlensäure zugeben, weil das Wasser für die Fotosynthese Kohlendioxid enthalten muss) und stellen das Glasgefäß dann an einen sonnigen Platz.
Nach kurzer Zeit bilden sich kleine Luftbläschen an den Blättern und Stängeln der Pflanze, die an die Wasseroberfläche steigen und sich dort auflösen.

Erklärung:
Die Luftbläschen sind der Sauerstoff, der von der Pflanze produziert und abgegeben wird.

Dicke Luft!
Experimente

Die Luftballon-Waage

Material: Holzstab oder Kleiderbügel, 2 Luftballons, Faden, Klebefilm, Schere, Nadel

Und so geht's:
Zwei Luftballons werden gleich groß aufgeblasen, verknotet und mit gleich langem Faden an je ein Ende des Holzstabs geknotet. In die Mitte des Stabs wird ein weiterer Faden geknotet, der mit Klebestreifen oben an einen Türrahmen geklebt wird. Der Holzstab muss frei im Raum hängen, um als Waage zu dienen.
Nun richten Sie die Luftballons aus, indem Sie die Knoten vorsichtig hin- und herschieben, bis die Luftballons auf einer Höhe schweben. Schließlich kleben Sie auf einen der Luftballons einen Klebefilmstreifen und stechen mit der Nadel hindurch, sodass die Luft langsam entweicht. Die Kinder können sehen, wie der Luftballon kleiner und kleiner wird und wie sich die Luftballon-Waage dabei verändert.

Erklärung:
Wie bei einer richtigen Waage steigt die Seite, auf der das Gewicht geringer ist, nach oben, und die Seite, auf der das Gewicht größer ist, sinkt nach unten. Das ist ein Zeichen dafür, dass die Luft in den Luftballons tatsächlich ein Gewicht hat.

Der wundersame Untersetzer

Material: Glas, Bierdeckel

Und so geht's:
Das Glas wird bis zum Rand mit Wasser gefüllt und der Untersetzer auf seinen Rand gelegt und festgedrückt. Mit den Fingern einer Hand drücken Sie den Untersetzer auf dem Glas fest. Mit der anderen Hand drehen Sie das Glas um (es darf dabei kein Wasser auslaufen). Nun lassen Sie den Untersetzer los – und siehe da: Er bleibt am Glas haften!

Erklärung:
Das Wasser kann den Untersetzer nicht wegdrücken. Der Luftdruck presst ihn nach oben, weil er in alle Richtungen – also auch von unten – wirkt und stärker ist als das Gewicht, das das Wasser hat.
Der Pappuntersetzer unter dem Wasserglas ist dem Luftdruck von oben und von unten ausgesetzt. Der Druck von oben ist jedoch wesentlich geringer als der von unten, weil die Öffnung vom Wasserglas einen Großteil des Untersetzers einnimmt. Wenn der Luftdruck von unten größer ist als das Gewicht, das das Wasser und der Luftdruck von oben zusammen haben, bleibt das Wasser im umgedrehten Glas – zumindest für eine kurze Zeit.

Luft hat Kraft
Experimente

Luftballon mit Düsenantrieb

Material: Luftballon, feste Schnur (3 bis 5 Meter), Strohhalm, Wäscheklammer, Klebefilm

Und so geht's:
Der Strohhalm wird über die Schnur geschoben und diese dann quer durch den Raum gespannt. Hiernach pusten Sie den Luftballon auf. Damit die Luft nicht entweichen kann, klemmen Sie ihn nun mit der Wäscheklammer zu und kleben ihn mit Klebefilm an den Strohhalm. Dabei zeigt der Kopf des Ballons zum einen Ende, das Ende des Ballons zum anderen Ende des Trinkhalms. Wenn Sie die Wäscheklammer lösen, saust der Luftballon wie eine Rakete durch den Raum, bis die Luft raus ist.

Erklärung:
Die Kraft, die den Luftballon antreibt, wird Rückstoß genannt. Während die Luft nach hinten entweicht, drückt sie den Luftballon nach vorne. Der Luftballon wurde durch das Aufblasen gedehnt, indem immer mehr Luftteilchen in ihn hineingedrückt wurden. Der Luftdruck im Luftballon hat sich dadurch erhöht. Lässt man diese Luftteilchen schlagartig wieder heraus, um den Druck auszugleichen, so erhält der Luftballon genügend Schubkraft durch das Rückstoßprinzip.

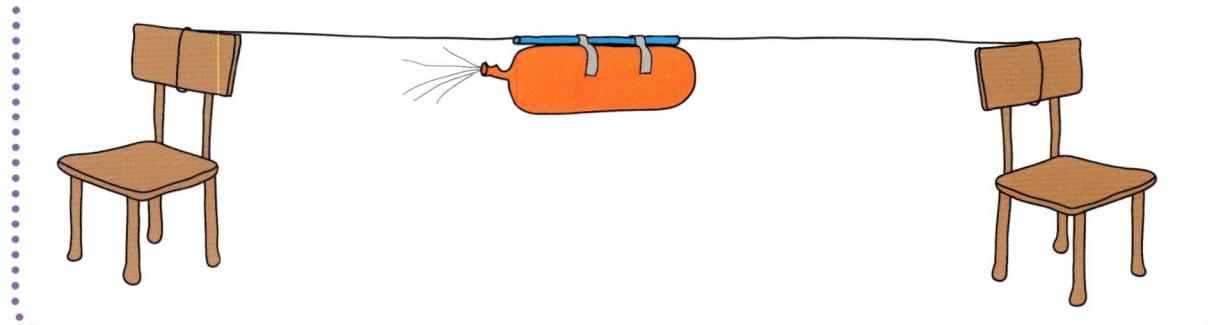

Puste-Rohr

Material: Strohhalm, Wattestäbchen

Und so geht's:
Stecken Sie ein Wattestäbchen in das eine Ende vom Strohhalm und blasen dann kräftig in das andere Ende vom Strohhalm. Nun flitzt das Wattestäbchen mit großer Geschwindigkeit hinaus.

Erklärung:
Beim Pusten entsteht ein Luftüberdruck. Dieser kann nur ausgeglichen werden, wenn das Wattestäbchen aus dem Strohhalm (Pusterohr) gedrückt wird.

Luft leistet Widerstand
Experimente

Die Form macht die Geschwindigkeit

Material: 2 gleich große Blätter Papier, Stuhl

Und so geht's:

Ob wohl zwei gleich große und gleich schwere Blätter Papier, die man aus derselben Höhe gleichzeitig fallen lässt, auch gleichzeitig unten auf dem Boden ankommen? Die Kinder werden sicherlich bejahen. Lassen Sie die Mädchen und Jungen erörtern und spekulieren.

Machen Sie nun den Praxistest: Knüllen Sie eines der beiden Blätter zu einer festen Kugel, das andere bleibt, wie es ist. Nehmen Sie die Papierkugel in die eine Hand, das glatte Stück Papier in die andere Hand und steigen Sie dann auf den Stuhl. Strecken Sie die Arme so aus, sodass sich die Papierkugel und das glatte Stück Papier auf einer Höhe befinden. Lassen Sie beide gleichzeitig los. Reflektieren Sie das Ergebnis: Die Papierkugel fällt schneller und landet direkt auf dem Boden, das glatte Stück Papier braucht wesentlich länger, um nach unten zu gelangen und segelt dabei hin und her.

Erklärung:

Die Papierkugel und das glatte Stück Papier sind gleich schwer. Es liegt also nicht am Gewicht. Beide müssen beim Fallen durch die Luft hindurch. Die Luft bremst sie beim Fallen ab, das glatte Stück Papier dabei jedoch wesentlich stärker als die Papierkugel. Das liegt daran, dass seine Oberfläche auf mehr Luft trifft als die Papierkugel. Daher braucht es länger, bis es unten angekommen ist.

Luft ist mal warm und mal kalt
Experimente

Warme Luft steigt auf!

Material: kleines Windrad, 3 Teelichter, feuerfeste Unterlage

Und so geht's:
Stellen Sie die Teelichter im Dreieck angeordnet, in jeweils 2 cm Abstand voneinander auf die feuerfeste Unterlage. Entzünden Sie die Teelichter und halten Sie das Windrad in 10 bis 15 cm Abstand über den Flammen. Und zwar so, dass die Flügel mit ihren Flächen nach unten in Richtung der Flammen gerichtet sind. Nach kurzer Zeit drehen sich die Flügel.

Erklärung:
Warme Luft – so wie hier mithilfe der Flammen hervorgerufen – ist leichter als kalte Luft. Weil sie leichter ist, steigt sie auf. Und weil auf ihrem Weg nach oben die Flügel im Weg sind, drückt sie die zur Seite und setzt so das Windrad in Bewegung. Übrigens: Nach diesem Prinzip funktionieren Weihnachtspyramiden!

Ein Flaschengeist?

Material: leere Glasflasche (0,5 bis 1 Liter), Münze

Und so geht's:
Legen Sie die Flasche etwa eine halbe Stunde vor dem Experiment in das Gefrierfach. Fragen Sie die Kinder, ob ihnen schon einmal ein Flaschengeist begegnet ist. Wenn nicht, wird das jetzt der Fall sein!
Stellen Sie dann die Flasche auf den Tisch und befeuchten Sie die Seite der Münze, die auf dem Flaschenhals liegt. Legen Sie die Münze auf die Öffnung der Flasche und umschließen Sie die Flasche mit Ihren Händen. Das dient dazu, die Flasche – und mit ihr die Luft darin – etwas schneller zu erwärmen, für die Kinder wirkt das jedoch mystisch. Nach kurzer Zeit beginnt die Münze auf der Flasche zu klappern.

Erklärung:
Die Luft im Inneren der Flasche beginnt sich recht schnell zu erwärmen, wobei sie sich ausdehnt, d. h., ihr Volumen vergrößert. Die Münze verhindert nun, dass die ausgedehnte Luft herauskann, weil sie die Öffnung der Flasche verschließt. Hierdurch steigt der Druck in der Flasche, bis die Münze kurz angehoben wird und etwas Luft entweicht – der Druck sinkt wieder. Das wiederholt sich so lange, bis sich die Glasflasche bis auf Zimmertemperatur erwärmt hat. Die Münze dient sozusagen als Überdruckventil.
Die Kinder sehen: Luft, die sich erwärmt, dehnt sich aus. Wenn man sie daran hindert, entwickelt sie eine recht große Kraft.

Was kann die Luft übertragen?
Info

Duft wahrnehmen

Um durch Geruch wahrnehmbar zu werden, muss ein Stoff chemische Partikel – das sind kleinste Teilchen – in die Luft abgeben. Je mehr Partikel in die Luft gelangen, umso stärker ist der Geruch. Und wenn sie an unserer Nase vorbeikommen, werden sie mit der Atemluft eingesogen. In der Schleimhaut der Nase befinden sich Riechzellen. Die Riechzellen sind spezialisiert auf unterschiedliche Duftstoffe. Gerüche bestehen meist aus ganz vielen solcher Duftstoffe. Rosenduft hat beispielsweise mehr als 200 Bestandteile. Die Riechzellen melden die Information dann weiter an das Gehirn. Und das weiß: Es riecht nach Rosen!

Wir nehmen den Geruch von Dingen bei Wärme und Feuchtigkeit stärker wahr. Wärme setzt nämlich eine größere Menge Teilchen frei und durch Feuchtigkeit können sich besonders viele Teilchen in der Luft halten. Kocht z. B. eine Hühnersuppe auf dem Herd in der Küche, duftet sie viel stärker als eine kalte Hühnerbrust, die vor uns auf dem Teller liegt, obwohl wir ja wesentlich dichter an der Hühnerbrust dran sind.

Schall wahrnehmen

Schall ist eine Schwingung, die meist durch die Luft übertragen wird. Die für uns hörbaren Geräusche, Klänge und Töne entstehen, indem etwas in Schwingung versetzt wird.

Die sogenannte Schallquelle (Musikinstrumente, Gegenstände etc.) versetzt Luftteilchen um sich herum in Schwingung. Die Luftteilchen übertragen die Schwingung dann wieder an weitere Luftteilchen um sich herum. So entstehen Schallwellen. Schallwellen kann man nicht sehen, wohl aber die Schwingung der Materialien, die die Teilchen der Luft anstoßen.

In einem Vakuum, wie es beispielsweise im Weltraum der Fall ist, kann sich der Schall nicht ausbreiten – es fehlen die Teilchen zum Weiterleiten.

Ohne Luft kein Duft
Experimente

Duft steigt in die Luft

Material: Duftlämpchen, Duftöl, Teelicht

Und so geht's:
Füllen Sie das Schälchen der Duftlampe mit warmem Wasser und geben Sie ein paar Tropfen Duftöl hinein. Entzünden Sie das Teelicht und stellen Sie die Duftlampe gut sichtbar auf einen Tisch. Nach kurzer Zeit ist der Duft des Öls wahrnehmbar.

Erklärung:
Der Duft vom Duftöl ist so intensiv wahrnehmbar, weil chemische Partikel, die das Duftöl enthält, in die Luft gelangen. Das tun sie durch die Feuchtigkeit (im Duftlämpchen wird Wasser verdampft) und die Wärme (das Teelicht erhitzt das Duftöl und das Wasser) wesentlich schneller und stärker als bei Raumtemperatur.

Immer der Nase nach ...

Material: 1 kleine Dose mit Deckel für jedes Kind, Blüten, Duftöle, Essenzen, Gewürze, Tuch

Und so geht's:
Jedes Kind erhält eine Dose, die es sich in den Schoß stellt und nicht öffnen darf. Erklären Sie, dass jede Dose einen Duft enthält.
Die Kinder sollen reihum erschnuppern, woher ein Duft kommt, wenn jeweils eine Dose geöffnet wird, ohne natürlich, dass sie dabei sehen, welche Dose das ist. Das schnuppernde Kind hat nämlich die Augen verbunden. So beginnt das Spiel: Eines der Kinder wird in die Kreismitte gebeten. Nach dem Verbinden der Augen mit dem Tuch weisen Sie eines der Kinder im Kreis mittels Handzeichen an, seine Dose möglichst geräuschlos zu öffnen. Nun geht das Kind aus der Kreismitte immer der Nase nach, bis es die Duftquelle ermittelt hat. Die beiden Kinder tauschen dann ihren Platz. So führen Sie das Ganze fort, bis alle Kinder ihre Fähigkeiten als „Schnüffler" bewiesen haben.

Musik liegt in der Luft
Experimente

Flaschenmusik

Material: leere Glasflasche (0,33 oder 0,5 Liter), Kanne mit Wasser

Und so geht's:

Halten Sie den Flaschenrand an die Unterlippe und blasen Sie schräg von oben in die Flasche hinein – es erklingt ein tiefer Ton, weil die in ihr enthaltene Luft zu schwingen beginnt. Füllen Sie die Flasche mit einer geringen Menge Wasser, wird der Ton höher – je mehr Wasser Sie in die Flasche füllen, umso höher wird der Ton.
Veranstalten Sie ein Flaschenkonzert! Füllen Sie hierzu 5 bis 6 Flaschen unterschiedlich hoch mit Wasser und vergleichen Sie, wie die Töne klingen.

Erklärung:

Der Ton wird umso höher, je mehr Wasser in der Flasche ist, weil die Luft dann weniger Platz hat, um schwingen zu können.

Luft lässt Instrumente klingen

Material: Blockflöte, Okarina, Panflöte, Trillerpfeife

Und so geht's:

Probieren Sie gemeinsam die verschiedenen Instrumente aus. Wie erzeugt man damit Töne und wie klingen sie? Erklären Sie anhand der Blockflöte, dass die Töne dadurch entstehen, dass Sie in das Mundstück einer Flöte blasen und so eine Luftsäule hineinschieben, die im Inneren der Flöte vibriert.

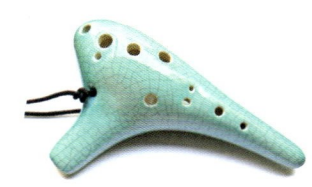

GUT ZU WISSEN

Die Tonerzeugung bei **Blockflöten** und **Trillerpfeifen** erfolgt, indem die Luft durch einen Spalt auf die Kante geleitet wird. Durch den Luftstrom wird im Inneren der Trillerpfeifen eine Kugel bewegt, wodurch die Tonhöhe minimal verändert wird und das „Trillern" entsteht. Die Tonerzeugung bei **Panflöten** erfolgt, indem der Luftstrom durch die Formung (Spannung) der Lippen auf die Kante geblasen. **Okarinas** sind Tonflöten mit Grifflöchern, die birnenförmig oder als Tierform gestaltet sind. Trillerpfeifen sind gemeinhin Signal- oder Rhythmusinstrumente.

Info für die Eltern
Projekt „Nicht sichtbar und doch da"

Liebe Eltern,
wir haben uns in den letzten Tagen im Rahmen unseres Projekts **Nicht sichtbar und doch da** mit dem Element Luft beschäftigt.

Die Kinder haben
- über die Luft und unsere Atmung gesprochen
- Experimente und Spiele rund um Atmung, Luft und ihre Eigenschaften gemacht
- ein Flaschenkonzert veranstaltet

Unsere erreichten **Bildungsziele** sind:
- erste **Kenntnisse** über das Element **Luft** erhalten
- **Eigenschaften** der **Luft** durch **Experimente** und **Spiele** ergründen
- Luft als **Lebensvoraussetzung** für **Menschen**, **Tiere** und **Pflanzen** erkennen
- **Naturwissenschaftliche Kompetenzen** entwickeln
- **Sprachliche** und **kognitive Fähigkeiten** fördern

Herzliche Grüße
Ihr Kindergartenteam

Nicht sichtbar und doch da Portfolio M15

Was habe ich gelernt?
Meine Dokumentation in Bildern

Name des Kindes _____

Datum _____ Unterschrift der Erzieherin _____

Ich kenne mich mit dem Thema „Luft" aus!

Ich habe im Kindergarten an dem Projekt „Nicht sichtbar und doch da" teilgenommen und viel über das Element Luft gelernt. Hier zeichne ich, was mir bei unserem Luft-Projekt am besten gefallen hat.

In dieser Reihe sind bereits erschienen:

Wo wohnt eigentlich der Igel?
3 tolle Wochenprojekte zum Thema Wald erleben
ISBN: 978-3-69046-045-9

Wo wachsen eigentlich Pommes?
3 tolle Wochenprojekte zum Thema Essen und Ernährung
ISBN: 978-3-69046-044-2

Was macht Frau Holle eigentlich im Sommer?
3 tolle Wochenprojekte zum Thema Märchen
ISBN: 978-3-69046-055-8

Wie klingt eigentlich Lila?
3 tolle Wochenprojekte zum Thema Farben erleben
ISBN: 978-3-69046-054-1

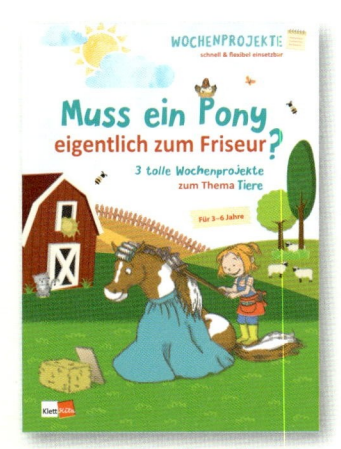

Muss ein Pony eigentlich zum Friseur?
3 tolle Wochenprojekte zum Thema Tiere
ISBN: 978-3-69046-069-5

Wie kommen eigentlich die Gefühle in meinen Bauch?
3 tolle Wochenprojekte zum Thema Selbstwahrnehmung
ISBN: 978-3-69046-070-1

Sind Ritter eigentlich rostfrei?
3 tolle Wochenprojekte zum Thema Ritter, Römer und Dinos
ISBN: 978-3-69046-071-8

Wie tanke ich eigentlich Energie?
3 tolle Wochenprojekte zum Thema Bewegung und Entspannung
ISBN: 978-3-69046-072-5

Klett Kita